JUNGIANA

Beiträge zur Psychologie von C. G. Jung

Reihe A Band 12

D1921014

Verlag Stiftung für Jung'sche Psychologie
Küsnacht

Herausgegeben von der Stiftung für Jung'sche Psychologie

© 2003, Verlag Stiftung für Jung'sche Psychologie, Küsnacht ZH
Hergestellt in den Werkstätten der Fotorotar AG, Egg ZH
Printed in Switzerland
ISBN 3-908116-12-0

Inhaltsverzeichnis

Vorwort

Zum Inhalt
CARL GUSTAV JUNG hat am 9. Juni 1945 im Psychologischen Club Zürich einen Vortrag über GÉRARD DE NERVAL und seine Erzählung ‹Aurelia› gehalten. Er betonte, daß er hauptsächlich das Material selber sprechen lassen und sich mit seinen Deutungen im Hintergrund halten wolle. Später hat MARIE-LOUISE VON FRANZ an mehreren Orten auf diesen Roman und das tragische Ende des französischen Autors hingewiesen.[1] GÉRARD DE NERVAL hatte sich leidenschaftlich in eine kleine Näherin verliebt. Offenbar nach einem Zerwürfnis konnte er sich nicht eingestehen, eine «gewöhnliche Frau dieses Jahrhunderts» wie eine Göttin zu lieben, und er liess sie fallen und überspielte seinen Schmerz. JUNG deutet die folgenden Träume und Ereignisse, die bei DE NERVAL zur Schizophrenie und zum Suizid führten. Wir danken der ‹Erbengemeinschaft C. G. Jung› herzlich für die Erlaubnis, den Vortrag hier erstmals veröffentlichen zu dürfen.

In der Einsamkeit des Meeres an der kalifornischen Küste begegnete THOMAS ELSNER als Surfer zwei Seehunden, die ihn neugierig anblickten, so wie er sie auch. In seinem gefühlvollen Essai ‹Das Westliche Tor› legt er die Gedanken dar, zu denen er durch die Begegnung mit diesen Tieren angeregt wurde, zu einem Erlebnis der archaischen Natur auch in sich selber. Seine Worte: «Ein Traum von mir sagte einmal: ‹Gott ist ein Seehund.› Ein solcher Traum weist zurück auf eine Zeit, als Tiere tatsächlich als göttliche Wesen verehrt wurden. Wenn ich zu jener Zeit gelebt hätte, wäre dieser Traum vielleicht dem ganzen Stamm erzählt worden, und der Seehund hätte unser Totemtier werden können. Oder ich hätte einen solchen Traum als Offenbarung meiner eigenen Tierseele verstehen können, dann wären Seehunde für mich heilig gewe-

---

1 MARIE-LOUISE VON FRANZ: Puer aeternus. Ewiger Jüngling und kreativer Genius. Küsnacht ²2002, 94 f. – Dies.: Erlösung des Weiblichen im Manne. Der Goldene Esel des Apuleius in tiefenpsychologischer Sicht. Zürich und Düsseldorf ²1997, 98 f. – Dies.: Die Suche nach dem Selbst. Individuation im Märchen. München 1985, 112.

sen, ja ich hätte sogar gewußt, daß ich gewissermaßen selber ein Seehund war. Der Seehund und ich wären Brüder, wären eine Familie gewesen.»

JULIAN DAVID hat im Frühlingskurs 2001 des ‹Forschungs- und Ausbildungszentrums für Tiefenpsychologie nach C.G. Jung und Marie-Louise von Franz› mit großer Kenntnis griechischer und römischer Mythen über die psychologische Bedeutung von Erzählungen aus OVIDS ‹Metamorphosen› gesprochen, zuerst über die symbolische Auffassung von Mythen überhaupt, dann über Orpheus und Eurydike und zuletzt über Myrrha und ihr unstillbares Begehren nach ihrem Vater. Aus dieser Beziehung aber wird der göttliche Adonis geboren, wie Jesus aus Maria, gezeugt durch den Heiligen Geist. Wenn beides «historische Tatsache sein soll, dann geht uns die Befruchtung aus dem Jenseits nichts an. Wenn beide symbolisch verstanden werden, dann beschreiben sie die wichtigste Aufgabe, die wir als menschliche Wesen haben, nämlich Gastgeber für die Samen zu sein, die aus dem Geistigen hereinwehen, ihnen Wachstum zu gestatten, ihnen Körper, Ort und Maß zu verleihen, ihnen den Übergang aus der archetypischen in die wirkliche, besondere Seinsweise zu ermöglichen.»

In seinem Vortrag ‹Das Grundproblem der gegenwärtigen Psychologie› (1931) vergleicht C.G. JUNG das Unbewußte mit einem kollektiven Menschen jenseits der geschlechtlichen Besonderheit, jenseits von Jugend und Alter, von Geburt und Tod, der über die annähernd unsterbliche menschliche Erfahrung von ein bis zwei Millionen Jahren verfügen würde. «Dieser Mensch wäre schlechthin erhaben über den Wechsel der Zeiten. Gegenwart würde ihm ebensoviel bedeuten wie irgendein Jahr im hundertsten Jahrtausend vor Christi Geburt, er wäre ein Träumer säkularer Träume, und er wäre ein unvergleichlicher Prognosensteller auf Grund seiner unermeßlichen Erfahrung. Denn er hätte das Leben des Einzelnen, der Familien, der Stämme und Völker unzählige Male erlebt und besäße den Rhythmus des Werdens, Blühens und Vergehens im lebendigsten inneren Gefühle.»[2] In einem Gespräch mit Studenten im Jahre 1958 hat JUNG diesen zwei Millionen Jahre alten Menschen mit dem ‹Great Man› der Naskapi-Indianer verglichen.[3]

---

[2] C.G. JUNG: Das Grundproblem der gegenwärtigen Psychologie. GW 8, § 673.
[3] Das Gesprach wurde auf Tondrähte aufgenommen und soll in Kürze im Walter Verlag, Düsseldorf, in Ton und Wort publiziert werden.

Der Anthropologe und analytische Psychologe HANSUELI F. ETTER ist nun in seiner Vorlesung ‹Mista'peo – der große innere Mensch der Naskapi-Indianer› im Frühlingskurs 2003 des ‹Forschungs- und Ausbildungszentrums für Tiefenpsychologie› diesem ‹Great Man› ausführlich nachgegangen. Diese Indianer leben halbnomadisch in kleinen Familiengruppen. Sie haben keine entwickelte Religion, sondern jeder Naskapi erwirbt sich das notwendige Wissen für sein ganzes Leben aus seinen Träumen, die er von Mista'peo erhält. Ohne diese Führung durch das Unbewußte könnten diese Indianer nicht überleben. HANSUELI ETTER zeigt dies an eindrücklichen Beispielen. Das höchste Anliegen der Naskapi besteht darin, das Wohlbefinden des Mista'peo zu erhalten und zu fördern. Dazu gehört auch jede Art kreativer Tätigkeit, die den Naskapi zum schöpferischen Partner Mista'peos auf Erden macht. Am Schluß der Vorlesung geht HANSUELI ETTER auf das Schicksal der seßhaft gewordenen Naskapi ein, die ihre Beziehung zu ihrem Mista'peo aufgegeben haben und jetzt ein orientierungs- und sinnloses Leben führen. Dieses Schicksal droht auch unserer modernen Zivilisation. «Im individuellen Seelendienst würde auch für uns eine hoffnungsvolle Zukunft liegen.»

Mitteilungen

Zur Erhaltung des Wohnhauses C. G. Jung in Küsnacht wurde 2002 die *Stiftung C. G. Jung Küsnacht* gegründet. Sie setzt sich zum Ziel, das Andenken an Carl Custav Jung und seine Ehefrau Emma Jung-Rauschenbach zu wahren und die analytische Psychologie zu pflegen und zu fördern. Dank einer großzügigen Schenkung und dem Entgegenkommen der bisherigen Eigentümer war es der Stiftung möglich, das Wohnhaus und das zugehörige Land zu erwerben. Dem vormaligen Besitzer des Hauses wurde das Wohnrecht auf Lebenszeit gewährt. Wir sind froh und allen Beteiligten dankbar, daß so die dauernde Erhaltung der Liegenschaft und ihre sinnvolle Nutzung sichergestellt werden konnte.

Das ‹*Forschungs- und Ausbildungszentrum für Tiefenpsychologie nach C. G. Jung und Marie-Louise von Franz*› hat im Herbst 2003 im Haus Bethanien, dem ‹Haus der Stille und Besinnung› in St. Niklausen, Obwalden, unter Beteiligung von 29 Studierenden aus 4 Kontinenten und 10 Dozenten und Dozentinnen den achtzehnten zweiwöchigen Semesterkurs durchgeführt. 22 Studierende haben bis jetzt das Propädeuticum bestanden, 5 weitere das Abschlußdiplom erworben mit folgenden Arbeiten:

IRENE GERBER-MÜNCH: Goethes Faust. Eine tiefenpsychologische Studie über den Mythus des modernen Menschen (2001).

MARIE-LOUISE HARNIK: Die Entwicklung des schöpferischen Geistes der Frau durch innere Führung (2002).

BEA HOFFMANN-MÜLLER: Mythologische Frauenfiguren in der griechischen Antike (2002).

JACQUELINE DÜRMÜLLER: Leben und Sterben – Sterben und Leben. Eine Arbeit über Leben und Sterben im Sinne des Individuationsprozesses (2003).

JONATHAN PARKER: Where Body and Psyche Meet. An exploration into the deep well of the body as a psychophysical unity (2003).

Die *Marie-Louise von Franz Bibliothek*, Lindenbergstrasse 15, CH-8700 Küsnacht, ist nach Voranmeldung zu folgenden Zeiten öffentlich zugänglich: Mittwoch von 11–15 Uhr und Freitag von 14–16 Uhr. Es ist eine Studien- und Arbeitsbibliothek.

Tel. 01 912 25 95, E-Mail: sti.jungpsych@mysunrise.ch

Zu den *Publikationen* des Verlags Stiftung für Jung'sche Psychologie ist das Publikationsverzeichnis unten Seite 165 ff. einzusehen.

Im Herbst 2003

Für den Stiftungsrat:

PD Dr. Hansueli F. Etter (Präsident)
Dr. Gotthilf Isler (Redaktion)

Carl Gustav Jung

Gérard de Nerval

Meine Damen und Herren!

Der Grund, warum ich zu Ihnen gerade über GÉRARD DE NERVAL sprechen möchte, liegt darin, daß eine posthume Schrift von ihm existiert, betitelt ‹Aurélia›, welche einen Inhalt besitzt, den ich Ihnen gerne zugänglich machen möchte. Ich kann das leider nicht in einer Form tun, die alles bis in die letzten Winkel erhellen würde. Ich muß sehr vieles dann der Diskussion überlassen. Ich kann nur andeuten, daß das Material außerordentlich groß ist, und ich möchte zunächst hauptsächlich dieses Material sprechen lassen und meine Deutungen etwas im Hintergrund halten.

GÉRARD DE NERVAL ist das Pseudonym von GÉRALD LABRUNIE, geboren 23. Mai 1808, gestorben 25. Januar 1853. Er hat lyrische Gedichte publiziert, die sehr schön sind, die sogenannten ‹Vers dorés›, außerdem hat er viele Gedichte von KLOPSTOCK, GOETHE und HEINE übersetzt. Ebenso hat er 1828 eine «Faust»-Übersetzung herausgegeben, die er selber dem damals noch lebenden GOETHE überreichte und von ihm eine sehr schmeichelhafte Anerkennung dafür bekam. Die Stücke, die ich aus dieser Übersetzung gelesen habe, haben mich an der besonderen Anerkennung, die ihm GOETHE hat angedeihen lassen, etwas zweifeln lassen. Sodann hat er eine Schrift herausgegeben ‹Loreley, Souvenirs d'Allemagne› und weiter die ‹Scènes de la vie orientale› (1848–50). Er ist viel im Orient gereist und ebenso in Deutschland, und zwar meistens unter merkwürdigen psychologischen Umständen. Wir werden darauf noch zurückkommen.

Was die Literatur über GÉRARD DE NERVAL anbetrifft, so werde ich Ihnen nachher noch Angaben machen können.[1] Die Schrift ‹Aurélia› (1852–53) fängt mit folgendem Satz an: «Der Traum ist ein zweites

[1] GAUTHIER-FERRIÈRES: Gérard De Nerval. La Vie et l'Œuvre, 1808–55, Paris 1906. – JULIA CARTIER: Un Intermédiaire entre la France et l'Allemagne. Gérard de Nerval. Genève 1904. – R. BIZET: La double Vie de Gérard de Nerval. 1928.

Leben.» Und anschließend sagt der Autor über das, was wir heute das Unbewußte nennen:

> «Ein schemenhaftes Unterreich erhellt sich allmählich, und aus Nacht und Schatten lösen sich die bleichen, schwerfällig unbeweglichen Gestalten, die in der Vorhölle wohnen [...]. Die Welt der Geister tut sich uns auf.»[2]

Dann beginnt er die Schilderung seiner Erfahrungen und Erlebnisse und sagt Folgendes:

> Ich will «die Eindrücke einer langen Krankheit wiedergeben, die sich völlig im Geheimnisbereich meines Geistes abspielte. Dabei weiß ich nicht, warum ich mich des Ausdrucks ‹Krankheit› bediene, denn niemals habe ich mich – soweit es mich selbst betrifft – wohler gefühlt. Zuweilen schien mir meine Kraft und Regsamkeit verdoppelt; ich meinte alles zu wissen, alles zu begreifen; die Einbildungskraft bereitete mir unendliche Entzückungen. Sollte man bedauern müssen, sie verloren zu haben, sobald man wiedergewinnt, was die Menschen den Verstand nennen? ...»[3]

Er nennt diesen Zustand dann «vita nuova» und lehnt sich damit, wie Sie schon bemerkt haben werden, an das Beispiel DANTEs an. Er sagt davon:

> «Diese ‹Vita Nuova› hatte für mich zwei Phasen. Folgende Aufzeichnungen beziehen sich auf die erste. – Eine Dame, die ich lange geliebt hatte und der ich den Namen Aurelia geben will, war für mich verloren. Wenig kommt es dabei auf die Umstände dieses Ereignisses an, das einen so großen Einfluß auf mein Leben haben sollte. Jedermann kann in seinen Erinnerungen die herzzerreißendste Erschütterung aufspüren, den furchtbarsten Schicksalsschlag, der seine Seele getroffen hat. Dann muß man sich für Tod oder Leben entscheiden. Ich werde später berichten, warum ich nicht das Ende gewählt habe. Von der, die ich liebte, verdammt, eines Fehlers schuldig, für den ich keine Verzeihung mehr erwar-

---

[2] GÉRARD DE NERVAL: Aurelia. Sylvia. Erzählungen. Aus dem Französischen übertragen von ERNST WIEGAND JUNKER. Mit einem Nachwort von SIGRID METKEN. Philipp Reclam jun., Stuttgart 1971, 5.
[3] Ebenda.

tete, blieb mir nichts übrig, als mich den gewöhnlichen Betäubungen hinzugeben. Ich trug Freude und Sorglosigkeit zur Schau, ich reiste durch die Welt, auf Abwechselung und Liebeleien versessen. Insbesondere liebte ich die Trachten und merkwürdigen Sitten entfernter Völkerschaften. Es kam mir so vor, als ob ich auf diese Weise die Voraussetzungen des Guten und Bösen verschöbe: sozusagen die Grenzmarken dessen, was für uns Franzosen Gefühl ist. ‹Was für ein Unsinn›, sagte ich mir, ‹derartig in platonischer Liebe eine Frau zu lieben, die einen nicht mehr liebt. Schuld daran ist meine Lektüre. Ich habe die Erfindungen der Dichter ernst genommen und habe mir eine Laura oder Béatrix aus einer gewöhnlichen Erscheinung unseres Jahrhunderts zurechtgemacht ...›»[4]

Hier drängt sich uns die Frage auf: Wer war diese Aurélia? Unglücklicherweise weiß man über sie sehr wenig. Man weiß, daß sie eine kleine Schauspielerin war, daß er mit ihr zusammenkam, man weiß aber nicht, von welcher Art die Beziehung überhaupt gewesen ist. Aber aus dem, was ich vorgelesen habe, können Sie ersehen, was da Merkwürdiges geschehen ist. Nämlich: Er hat diese Beziehung als eine ganz gewöhnliche Beziehung aufgefaßt, offenbar in sehr vernünftiger Weise. «Es war eine kleine Frau.» Und hat sozusagen erst nachträglich bemerkt, daß er da irgendwie etwas angestellt hat. Es scheint ihm nämlich, daß er die «Erfindungen der Dichter ernst» genommen hat und sich eine Beatrice zusammenzimmerte, und zwar bei einer «personne ordinaire de notre siècle».[5] Er glaubte, das sei eine «folie». Sie sehen, woher das kommt: Er hat zuviel Literaturgeschichte gelesen. Dort spricht man so. Dort macht man sich so etwas. In seiner Ichbefangenheit und in seiner literarischen Verblendung, seinem Literatenwahn, meinte er, er hätte sich aus lauter literarischer Tradition so einen Fall gemacht. Und was ihm ahnungsweise aufgekrochen ist, konnte er sich nicht zusammenreimen mit dieser «personne ordinaire de notre siècle». Kein Wunder, daß er sich losgemacht und versucht hat, zu vergessen, wie man eine kleine Liebesgeschichte mit einiger Zerstreuung wieder verschmerzt.

Es ist ihm dann auch geglückt, in Italien ein kleines Intermezzo amoroso zu haben. Es ist ihm geglückt, daß er wieder eine genuine

---

[4] Ebenda, 6.

[5] Gérard de Nerval: Aurélia. Collections des Ecrits Intimes. Editions de la Pléiade, Paris 1927, 27.

Emotion hatte. Aber o Schreck! Im entscheidenden Moment fiel ihm (wie wir in unserer technischen Sprache zu sagen pflegen) die Libido hinunter. Er war plötzlich ernüchtert und merkte, daß er gar keine Beziehung zu dieser Dame hatte. Immerhin hat sich diese Dame seiner sehr freundlich angenommen und auch anscheinend, wie er es schildert, eine Zusammenkunft mit der Aurélia veranstaltet. – Nun müssen wir uns vor Augen halten, daß GÉRARD DE NERVAL der Meinung war, daß damals etwas ganz Furchtbares geschah. Irgendeine Schuld hatte er da begangen, wie er meint, einen Verlust erlitten, den er sich aber offenbar nicht erklären konnte. – Und so trifft er also wieder mit ihr in einer Gesellschaft zusammen. Er sagt darüber:

> «So sah ich sie denn eines Tages, als ich mich in einer Gesellschaft befand, zu der sie gehörte, auf mich zukommen und mir die Hand reichen. Wie war dieser Schritt zu deuten, wie auch der tiefe und traurige Blick, der ihren Gruß begleitete? Ich glaubte, darin Verzeihung für das Vergangene zu erblicken. Ein Tonfall göttlichen Mitleids verlieh den einfachen Worten, die sie an mich richtete, einen unbeschreiblichen Wert, als ob etwas Religiöses sich in die Süße einer bis dahin weltlichen Liebe mische und ihr den Charakter der Ewigkeit verliehe.»[6]

Trotz dieses Eindruckes ist es zu keinerlei Aussprache oder weiteren Aufnahme der Beziehung gekommen. Er muß bald darauf nach Paris zurückkehren, hat aber die Absicht, diese beiden Damen, «ses deux amies», in Paris wiederzusehen. Dort aber geschieht etwas ganz anderes, und zwar:

> «Eines Abends stieg ich gegen Mitternacht zu einem Vorort hinauf, in dem sich meine Wohnung befand, als ich zufällig die Blicke hob und das Nummernschild eines Hauses bemerkte, das von einer Laterne beleuchtet war. Die Nummer entsprach der Zahl meiner Jahre. Als ich die Blicke wieder senkte, erblickte ich vor mir eine bleiche Frau mit hohlen Augen, die mir die Züge Aureliens zu haben schien. Ich sagte mir: ‹Ihr Tod oder mein eigener wird mir so angekündigt.›»[7]

Also: Anstatt daß er nun seine Aurélia in Wirklichkeit antrifft, hat er dieses seltsame Erlebnis, woraus er, wie Sie hörten, auf ihren oder auf

---

[6] DE NERVAL, Aurelia. Sylvia, 8.

[7] Ebenda.

seinen eigenen Tod schließt. Es wird ihm dann allmählich klar, daß er es ist, der sterben wird, und zwar schon am nächsten Tag um die gleiche Zeit.

> «In dieser Nacht hatte ich einen Traum, der mich in meiner Meinung bestärkte. – Ich durchirrte ein weitläufiges Gebäude mit mehreren Sälen, von denen einige zum Studium, andere zur Unterhaltung und philosophischen Erörterung bestimmt waren. Ich verweilte interessiert in einem der ersteren, in welchem ich meine alten Lehrer und Mitschüler zu erkennen glaubte. Der Unterricht über die griechischen und lateinischen Schriftsteller ging in jenem eintönigen Summen weiter, das wie ein Gebet an die Göttin Mnemosyne ist. – Ich begab mich dann in einen anderen Saal, in dem philosophische Vorträge gehalten wurden. Ich hörte einige Zeit zu und ging dann hinaus, um in einer Art Herberge mit riesigen Treppen voller eiliger Reisender mein Zimmer zu suchen.
>
> Wiederholt verlor ich mich in langen Fluren, und als ich eine der zentralen Wandelhallen durchschritt, wurde ich von einem sonderbaren Schauspiel überrascht. Ein Wesen von maßloser Größe – ich weiß nicht ob Mann oder Weib – flatterte mühsam über dem Raum und schien in den dichten Wolken um Halt zu kämpfen. Kraftlos und außer Atem stürzte es schließlich mitten in den dunklen Hof, wobei seine Flügel an den Dächern und Galerien Halt suchten und vorüberstreiften. Ich konnte es einen Augenblick lang betrachten. Es war purpurfarbig, und seine Flügel schillerten von tausend Reflexen. Mit seinem langen Gewand in antiker Fältelung glich es dem Engel der Melancholie von Albrecht Dürer. – Ich konnte nicht umhin, Entsetzensschreie auszustoßen, und erwachte jählings darüber.»[8]

Die Exposition dieses Traumes zeigt das vergangene und das jetzige Leben des Träumers in Konfrontation und Diskussion usw. – philosophische und wissenschaftlich-historische Interessen usw. Die Komplikation respektive Schürzung des Knotens besteht darin, daß er aus allen diesen Okkupationen heraus seinen Raum sucht, sein Zimmer, das ihm offenbar nicht bekannt ist. Und dabei verirrt er sich. Er ging bisher durch sein Leben, ohne seinen eigenen Raum zu haben. Sein individuelles Vorhandensein scheint eine bloße Voraussetzung gewesen zu sein, aber noch keine Tatsache. Darum sucht er seinen Raum. Der

---

[8] Ebenda, 8f.

Höhepunkt des Traumes, die Peripetie, ist auch zugleich die Katastrophe in diesem Fall. Das ist der Absturz dieses Dämons oder Genius im Innenhof des Gebäudes. Es ist nun zu bemerken, daß dieser Traum keine Lysis besitzt. Soviel ich bis jetzt gesehen habe, sind Träume ohne Lysis äußerst selten, und ich habe die Vermutung – die ich allerdings nicht als eine ewige Wahrheit verkünden möchte –, daß solche Träume etwas Fatales an sich haben.

Die Purpurfarben des Dämons weisen auf feurige Qualität. Die Flügel von tausend Farben erinnern an die alchemistische Vorstellung der cauda pavonis, welche ihrerseits die farbige Entfaltung darstellt, das Aufbrechen. Diese Vorstellung finden wir ja auch wieder bei GOETHE in seinem Worte: «Am farbigen Abglanz haben wir das Leben.» Dieses übermenschlich große dämonische Wesen scheint nun etwas zu sein wie *sein* Dämon. Wenn wir das in moderne Sprache übersetzen wollen, so müßten wir sagen: Es stellt das Selbst dar. Darum hat es auch diese Beziehung zum Innenhof des großen Gebäudes. Merkwürdig ist allerdings dieser Sturz, dieser Absturz des Dämons in den Innenhof. Aber offenkundig ist nicht gemeint, daß es als geflügeltes Wesen in diesem Innenhof dauernd seine Wohnung aufgeschlagen hätte, sondern daß es vielmehr darüber schwebe, denn sonst brauchte es ja keine Flügel. Dieses Wesen stellt mit seinen tausend Farben, mit seinem offenbar überreichen Farbenspiel die völlige Entfaltung dar; denn das Selbst will sich ja verwirklichen, und zwar in der Fülle seiner Qualität, seiner Farben. Es kann das aber nur dann, wenn der Mensch, die menschliche Person, ihm Taten leiht. Ohne diese Taten kann das Selbst sich nicht entfalten, denn das Selbst erscheint nur in dem, was wir tun. Geben wir ihm keine Taten oder nicht mehr, dann bleibt das Selbst im Unsichtbaren, im Innern gefangen und verliert seinen Auftrieb. Es kann sich nicht mehr entfalten, weil wir ihm die nötigen Grundlagen entzogen haben, und dadurch wird es folgerichtigerweise zum Engel der Melancholie. Die Melancholie ist ein sehr treffendes Bild dafür. Sie ist ja eine Depression, drückt nach unten, und zwar vom Kopf gegen die tieferen Regionen des Körpers. Alles Leben zieht sich sozusagen in die Tiefe des Körpers zurück. Außen bleibt nur die Hemmung zurück, und zwar die Hemmung aller Lebensvorgänge, und es geschieht nichts mehr außer einer Sache – und das ist der Selbstmord.

Es erhebt sich natürlich hier die Frage: Woher kommt diese merkwürdige Situation? Was sind ihre Ursachen? Aber wir haben es ja bereits gehört. Der Dichter hat sich irgendwie aus einer Wirklichkeit zurückgezogen, in der er sich hätte entfalten können. Es ist ihm da etwas mit seiner Aurélia entgegengetreten, das er mit einer «personne ordinaire de notre siècle» durchaus nicht in Verbindung bringen konnte. Er hat sich dort einer Lebenswirklichkeit entzogen, und nachher ist es ihm allmählich, wie ich bereits gesagt habe, aufgekrochen, daß dort doch etwas ganz Besonderes los gewesen sei. Er hat sogar entdeckt, daß er eine Beatrice aus dieser Person gemacht hat. Und eben in dieser Auffassung bleibt er stecken und kann sich nicht mehr entfalten. Er entzieht seine Taten dem Selbst, und das Selbst kann sich nicht mehr manifestieren. Es stürzt ab.

Der Autor fährt nun in seiner Schilderung fort:

> «Am nächsten Tage beeilte ich mich, alle meine Freunde aufzusuchen. Im Geiste nahm ich von ihnen Abschied, und ohne ihnen zu verraten, was mich innerlich beschäftigte, plauderte ich eifrig über Themen der Mystik. Ich setzte sie durch besondere Beredsamkeit in Erstaunen; es kam mir vor, als ob ich alles wisse und als ob die Geheimnisse der Welt sich mir in diesen letzten Stunden enthüllten.»[9]

Diese merkwürdige Stimmung ist ja etwas wie ein Aufbrechen, aber es ist wie ein Aufbrechen vor dem Rückzug. Noch einmal quillt es in ihm empor, aber es ist nur, um Abschied zu nehmen von seinen Freunden, und er wendet sich bezeichnenderweise den «Themen der Mystik» zu, den «Geheimnissen der Welt», die eben sich anzudrängen beginnen, wenn diese Figur, welche Aurélia darstellt, auf der Bühne erscheint.

> «Am Abend, als die Schicksals-Stunde zu nahen schien» – eben diese Stunde, wo er erwartete, daß er sterben werde –, «erörterte ich mit zwei Freunden an einem Klubtisch Fragen der Malerei und Musik und erläuterte meine Ansicht über die Entstehung der Farben und den Sinn der Zahlen. Einer von ihnen, namens Paul***, wollte mich heimbegleiten, aber ich sagte ihm, ich ginge nicht nach Hause. – ‹Wohin gehst du denn?› fragte er. ‹Gen Osten!›» (– sagte also er).[10]

Nun ist der Orient das Gebiet, das er bereist hat. Im Osten ist aber auch Deutschland, und dorthin pflegte er sich zurückzuziehen, wenn er ein bißchen verrückt war, weil er sich dann dort am wohlsten fühlte.

---

[9] Ebenda, 9.
[10] Ebenda, 9f.

«Und während er neben mir ging, versuchte ich, am Himmel einen Stern zu finden, den ich zu kennen glaubte, als wenn er auf mein Schicksal Einfluß hätte. Nachdem ich ihn entdeckt hatte, setzte ich meinen Weg so fort, daß ich den Straßen folgte, in deren Richtung er sichtbar war. So schritt ich sozusagen meinem Schicksal entgegen, wobei ich den Stern bis zu dem Augenblick gewahren wollte, in dem der Tod mich treffen würde. Als ich jedoch zum Schnittpunkt dreier Straßen gelangt war, wollte ich nicht weitergehen. Es kam mir so vor, als ob mein Freund mich mit übermenschlicher Anstrengung fortdrängen wolle. Er wuchs vor meinen Augen und nahm die Züge eines Apostels an. Ich hatte den Eindruck, als ob sich die Örtlichkeit, an der wir standen, emporhöbe und die Formen der städtischen Umgebung verlöre. – Auf einem Hügel, den weithin Ödland umschloß, wurde der Vorgang zum Kampf zweier Geister wie in einer biblischen Versuchung. ‹Nein›, sagte ich, ‹ich gehöre nicht deinem Himmel. Auf jenem Stern sind die, die mich erwarten. Sie waren vor der Offenbarung da, die du gebracht hast. Laß mich dorthin, denn die, welche ich liebe, gehört zu ihnen, und dort müssen wir uns wiederfinden.›»[11]

Die Idee des Traumes, daß er sein Zimmer suche, tritt hier wieder auf in einer lebendigen Vision, in einer Art deliriösem Zustand. Jetzt ist es ein Stern, der mit seinem Schicksal verknüpft ist, und zu diesem Stern will er nun hingehen oder wenigstens in seiner Richtung – und glaubt auf dem Wege dahin zu sterben. Aber wo die drei Straßen zusammenkommen, da fühlt er sich aufgehalten. Nun, diese drei Straßen sind eben ein Dreiweg, und das ist immer ein unheimlicher Ort, wie Sie wissen. Hekate ist ja die Trivia. Das ist ein Stück Antike. (Wir werden der Antike auch noch in anderer Form begegnen.) Hier wird es ihm nun plötzlich klar, daß er sich in Widerspruch zu seiner christlichen Welt befindet. Sein Freund nimmt die Züge eines Apostels an und hindert ihn, will ihn dort verdrängen. Er aber ruft ihm zu, daß er nicht zu seinem Himmel gehöre. Die, welche ihn in jenem Stern erwarteten, die seien älter als die Offenbarung. Die wolle er wieder finden, weil Aurélia zu ihnen gehört. – Hier sehen Sie, wie die Anima mit der Antike verknüpft ist. Ich will auf weitere Amplifikationen verzichten, die Sie sich ja selber auch denken können.

---

[11] Ebenda, 10.

Diese enorme ‹Gehobenheit› oder die Erhobenheit ins Gigantische rührt von der Annäherung des Unbewußten her, das eine gewaltige Welt darstellt und, wie Sie wissen, ungeheure Inflationen bewirken kann. Der Orient ist für GÉRARD das Land des Unbewußten (wie wir sagen würden), des innern Lebens. Gerade auch mit dem Orient verbindet er eine Menge mystischer Ideen. Sein Ziel, könnte man sagen, scheint also zunächst die Antike zu sein, weshalb er sich am Dreiweg der Hekate aufhält. Sie wissen ja, daß die Aurélia sich hier in großer Gesellschaft befindet. Zum Beispiel die «She» des RIDER-HAGGARD hat auch ihr antikes Vorleben. Sie kennen die Helena-Geschichte in «Faust», Sie kennen die Sage von Orpheus, der seine Euridike in der Unterwelt suchen mußte. Ich möchte in diesem Zusammenhang auch Faust zitieren, der sagt:

«Mephisto, siehst du dort 4183
Ein blasses schönes Kind allein und ferne stehen?
Sie schiebt sich langsam nur vom Ort,
Sie scheint mit geschlossenen Füßen zu gehen.
Ich muß bekennen, daß mir deucht,
Daß sie dem guten Gretchen gleicht.
[...]
Fürwahr es sind die Augen einer Toten, 4195
Die eine liebende Hand nicht schloß.
Das ist die Brust, die Gretchen mir geboten,
Das ist der süße Leib, den ich genoß.
[...]
Welch eine Wonne! Welch ein Leiden! 4201
Ich kann von diesem Blick nicht scheiden.
Wie sonderbar muß diesen schönen Hals
Ein einzig rotes Schnürchen schmücken,
Nicht breiter als ein Messerrücken.

Mephistopheles.
Ganz recht! Ich seh es ebenfalls. 4206
Sie kann das Haupt auch unterm Arme tragen;
Denn Perseus hat's ihr abgeschlagen.» (– die Gorgo!)[12]

Hekate ist auch die Gorgo, und das deutet auf den andern Aspekt der Begegnung mit der Trivia, nämlich den der Versteinerung, Gefan-

[12] JOHANN WOLFGANG GOETHE: Faust. Der Tragödie erster Teil. Walpurgisnacht.

genschaft und Erstarrung in der Schizophrenie. So wie Lots Weib und Euridike, beginnt der Autor zurückzuschauen und zurückzugehen. Er geht nicht wie das Leben vorwärts, denn er hat es ja verworfen. Er geht aus dem Leben rückwärts – in die Geschichte geht er zurück. Er sagt darum auch: «Hier hat für mich das begonnen, was ich die Ergießung des Traumes in das wirkliche Leben nennen möchte.»[13] Die Welt des Traumes beginnt die Welt seiner Realität zu ersetzen.

Er geht nun allein – nachdem er sich von seinem Freunde getrennt hat – weiter vorwärts in der Richtung des Sternes und singt dazu einen mysteriösen Hymnus. Er sagt darüber:

> «Als ich mich allein fand, stand ich mit Mühe auf und wanderte in der Richtung auf den Stern weiter, den ich nicht aus den Augen ließ. Unterwegs sang ich eine geheimnisvolle Hymne, deren ich mich zu erinnern glaubte, als wenn ich sie in einem anderen Leben gehört hätte, und die mich mit unaussprechlicher Freude erfüllte.»[14]

Aber vergessen Sie nicht, er ist ja immer im Angesicht des Todes, und diese außerordentliche, mysteriöse Freude, die ihn erfüllt, erinnert an NIETZSCHE: «Heiterkeit, güldene, komm! Du des Todes heimlichster, süßester Vorgenuß.» Indem er nun diesen Hymnus singt, zieht er seine Kleider aus, das heißt, er legt symbolisch seinen Leib ab.

> «Die Straße schien weiter anzusteigen und der Stern größer zu werden. Dann verharrte ich mit ausgebreiteten Armen und wartete auf den Augenblick, da die Seele magnetisch in den Umkreis des Sterns gezogen, sich vom Körper lösen würde. Dabei fühlte ich einen Schauder; Bedauern überkam mich wegen der Erde und deren, die ich auf ihr liebte, und in mir selbst beschwor ich den Geist, der mich an sich zog, so heftig, daß ich meinte, wieder zu den Menschen herabzusteigen. Eine nächtliche Streife umringte mich. Dabei hatte ich die Vorstellung, sehr groß geworden zu sein und daß ich, von elektrischen Kräften ganz überronnen, alles umwerfen würde, was sich mir entgegenstellte.»[15]

---

[13] DE NERVAL, Aurelia. Sylvia, 10.
[14] Ebenda, 11.
[15] Ebenda.

Jetzt kommt die Polizei! Er bemüht sich, so vorsichtig wie möglich zu sein, damit er diese Polizisten nicht sofort alle zu Tode schlägt. Resultat ist aber, daß er auf den Posten gebracht und dort eingesperrt wird.

> «Auf ein Feldbett hingestreckt, glaubte ich zu sehen, wie der Himmel sich in tausend Bildern unerhörter Pracht auftat und offenbarte. Das Geschick der befreiten Seele schien sich mir zu enthüllen, wie um mich bereuen zu lassen, daß ich mit aller Kraft meines Geistes wieder auf der Erde hatte Fuß fassen wollen, die ich verlassen sollte ... Gewaltige Kreise zeichneten sich im Unendlichen ab wie die Wellenringe, die ein ins Wasser geworfener Gegenstand auslöst. Jeder Bezirk war von strahlenden Gestalten erfüllt, gewann immer wieder Farbe, Bewegung und Form, und eine immer gleiche Gottheit warf lächelnd die flüchtigen Masken ihrer wechselnden Verkörperungen ab und floh schließlich ungreifbar in den mystischen Himmelglanz Asiens.»[16]
>
> «Sehr oft bin ich zu der Überzeugung gekommen, daß in gewissen schwierigen Augenblicken des Lebens ein bestimmtes Geisterwesen der äußeren Welt sich plötzlich in der Gestalt einer gewöhnlichen Person verkörperte und auf uns einwirkte oder einzuwirken versuchte, ohne daß jener Person das zu Bewußtsein kam oder in ihr Gedächtnis einging.»[17]

Hier kommt ihm nun die Erleuchtung darüber, was jenes literarisch zurechtgezimmerte und verhinderte Erlebnis eigentlich bedeuten könnte. Er berichtet nun weiter:

> «Auf Grund eines der Phänomene, die jedermann in gewissen Träumen erfahren konnte, ließ mich diese himmlische Vision nicht gleichgültig für das, was um mich herum vorging. Auf einem Feldbett liegend, hörte ich, wie die Soldaten sich über einen Unbekannten unterhielten, der wie ich festgenommen worden und dessen Stimme im gleichen Raum erklungen war. Durch eine sonderbare Vibrationswirkung hatte ich den Eindruck, daß diese Stimme in meiner Brust wiederklang und daß meine Seele sich sozusagen verdoppelte, zwischen Vision und Wirklichkeit deutlich getrennt. Einen Augenblick lang faßte ich den Plan, mich mühsam nach dem umzudrehen, von dem die Rede war. Dann schau-

---

[16] Ebenda, 12.
[17] Ebenda, 11.

derte ich bei der Erinnerung an eine in Deutschland geläufige Vorstellung, nach welcher jeder Mensch einen Doppelgänger hat und daß sein Tod bevorsteht, wenn er ihn sieht. Ich schloß die Augen und geriet in einen Zustand geistiger Verwirrung, in dem die phantastischen oder wirklichen Gestalten, die mich umgaben, in tausend flüchtige Scheinformen zerstoben. Einen Augenblick sah ich in meiner Nähe zwei meiner Freunde, die nach mir fragten. Die Soldaten wiesen auf mich. Dann öffnete sich die Tür, und jemand von meiner Größe, dessen Gesicht ich nicht sah, ging mit meinen Freunden fort, die ich vergeblich zurückrief. ‹Aber, das ist ein Irrtum!› schrie ich, ‹sie sind gekommen, um mich abzuholen, und ein anderer geht weg!› Ich schlug solchen Lärm, daß man mich in eine Zelle sperrte.

Dort blieb ich ein paar Stunden in einer Art stumpfsinniger Betäubung. Schließlich kamen die beiden Freunde, die ich bereits zu sehen geglaubt hatte, und holten mich im Wagen ab. Ich erzählte ihnen alles, was sich zugetragen hatte; sie bestritten aber, während der Nacht dagewesen zu sein.»[18]

Was hier geschehen ist, ist ein Voraussehen, das nicht wohl zu bezweifeln ist. Solche Dinge pflegen sich ja zu ereignen, wenn man sich dem Unbewußten annähert oder wenn sich das Unbewußte selber annähert. Denn dann wird die Zeit etwas unsicher, und dann kann etwas gesehen werden, was noch nicht ist, was aber einfach um die Ecke herum schon vorhanden ist. Ich erwähne diesen Fall deshalb, weil er den Zustand sehr gut charakterisiert.

«Ich aß mit ihnen ziemlich ruhig zu Abend; aber in dem Maße, wie die Nacht hereinbrach, gewann ich den Eindruck, daß ich die gleiche Stunde zu fürchten hatte, die mir in der vergangenen Nacht beinah verhängnisvoll geworden wäre. Ich bat einen der beiden um einen orientalischen Ring, den er am Finger trug und den ich für einen alten Talisman hielt. Dann nahm ich ein Halstuch und legte es um, wobei ich darauf achtete, das Schmuckstück mit seinem Türkis auf einen Punkt am Nacken zu drehen, an dem ich einen Schmerz fühlte. Meiner Ansicht nach war diese Stelle diejenige, an welcher die Seele in dem Augenblick entschwinden könnte, in dem ein gewisser Strahl des Sterns, den ich gestern gesehen hatte, in bezug auf mich im Zenit stünde. War es nun Zufall

---

[18] Ebenda, 12 f.

oder die Auswirkung meiner großen Unruhe, wie vom Blitz getroffen brach ich zur gleichen Stunde wie am Tage zuvor zusammen.»[19]

Also zur gleichen Stunde hat er da wieder einen Anfall von Bewußtlosigkeit. Er wird darauf in eine Heilanstalt gebracht, in ein Sanatorium, wo er die ersten Tage in einem fast unbewußten Zustand verbringt. Aber in diesem Zustand hat er Visionen. Er erzählt:

> «Eines Abends fühlte ich mich mit voller Gewißheit an die Ufer des Rheins versetzt (– jetzt kommt Deutschland –). Mir gegenüber ragten düstere Felsen und verloren sich im Schattenhintergrund. (– Ich möchte hier erinnern an eine ähnliche Vision von D. H. LAWRENCE, die dieser gehabt, als er den Schwarzwald von ferne sah – auch das Acherontische –). Ich betrat ein anheimelndes Haus, dessen weinumrankte grüne Fensterläden einen heiteren Strahl der Abendsonne hereinließen. Ich hatte den Eindruck, in eine vertraute Wohnung zu kommen, und zwar die eines Onkels mütterlicherseits, eines seit über hundert Jahren toten flämischen Malers. Angefangene Gemälde hingen überall herum. Eines von ihnen zeigte die berühmte Zauberfee dieser Gestade (– also die Loreley! –). Eine alte Dienerin, die ich Margarete nannte und die mir wie von Kindesbeinen auf bekannt erschien, sagte zu mir: ‹Wollen Sie sich nicht zu Bett legen? Denn Sie kommen von fernher, und Ihr Onkel wird spät heimkehren. Zum Abendessen werden Sie geweckt.› Ich streckte mich auf einem Himmelbett aus, das mit einem rotgeblümten Stoff bespannt war. Mir gegenüber hing eine Bauernuhr an der Wand, und auf ihr hockte ein Vogel, der wie eine menschliche Person zu sprechen begann (– also offenbar eine Kuckucksuhr –). Dabei kam ich auf den Einfall, daß die Seele meines Ahnen in diesem Vogel hause, war aber über ihre Sprache und Gestalt ebensowenig erstaunt wie über die Rückversetzung um ein Jahrhundert. Der Vogel sprach von lebendigen oder toten Familienmitgliedern verschiedener Zeiten, als ob sie alle gleichzeitig existierten, und sagte zu mir: ‹Wie Sie sehen, war Ihr Onkel darauf bedacht, das Bild von ihr im voraus zu malen ... Jetzt ist sie bei uns.› Ich erhob die Augen zu einer Leinwand, die eine Frau in altdeutscher Tracht darstellte, die sich am Flußufer niederbeugte und auf ein Büschel Vergißmeinnicht blickte.»[20]

[19] Ebenda, 13.
[20] Ebenda, 14 f.

Das was hier geschieht, ist der Eintritt in seinen unbewußten Raum. Dort findet er nun nach der Matriarchatsregel nicht den Großvater, sondern den Großonkel, den Onkel mütterlicherseits. Die Loreley ist nur als Bild vertreten, aber eine lebende Magd mit dem ominösen Namen Marguerite findet sich. An der Wand die Uhr, der Kreis – der Vogel, der eigentlich die Seele des Ahnherrn oder des matriarchalen Onkels ist. Der Träumer ist in der Zeit verschoben, er ist also in die Alcherringazeit eingetreten (wie das die Australneger ausdrücken), in die Zeit der Heroen. Und nun sagt ihm der Vogel (man denkt hier direkt an die avis Hermetis, den weissagenden Vogel): «Wie Sie sehen, war Ihr Onkel darauf bedacht, das Bild von ihr im voraus zu malen.» Das heißt, der Onkel hat die Identität der Anima festgestellt. «Jetzt ist sie bei uns.» Deshalb, können wir sagen, ist auch das Gretchen, ist auch die Marguerite mit uns, ist auch da. – Die Verwandlung des Onkels in einen Vogel oder die Seele des Onkels als Vogel ist ja auch eine sehr primitive Vorstellung, denn die Seelen der Toten erscheinen in verschiedenen Tierkörpern.

> Die Vision geht nun weiter: «Ich glaubte in einem Abgrund zu versinken, der durch den Erdball ging. Ich fühlte mich schmerzlos von einer Strömung flüssigen Metalls davongetragen, und tausend ähnliche Flüsse, deren Färbung auf chemische Unterschiede hinwies, durchzogen das Erdinnere wie Adern und Gefäße, welche die Gehirnlappen windungsreich durchlaufen. Alle flossen, kreisten und zuckten so und erweckten in mir das Gefühl, daß diese Rinnsale aus lebenden Seelen in molekularem Zustand bestünden, an deren Unterscheidung mich nur die Schnelligkeit der Fahrt hinderte. Blasse Helle drang allmählich in diese Leitungen, und schließlich sah ich wie eine weite Kuppel einen neuen Horizont sich ausbreiten, an dem sich von leuchtenden Fluten umschlossene Inseln abzeichneten. Ich befand mich an einer von diesem sonnenlosen Licht erhellten Küste und erblickte einen Greis, der den Boden bestellte. Ich erkannte ihn als den gleichen, der mir mit der Stimme des Vogels gesprochen hatte; und sei es nun, daß er mit mir sprach, sei es, daß ich ihn in mir selbst verstand, mir wurde klar, daß die Ahnen die Gestalt gewisser Tiere annehmen, um uns auf Erden zu besuchen, und daß sie so als stumme Zeugen auf den Stufen unseres Daseins zugegen waren.»[21]

---

[21] Ebenda, 15f.

Mit andern Worten: Die Ahnen sind gegenwärtig in Tiergestalten, das heißt in den Komponenten unserer animalischen Seele.

Dieser Absturz in die Erde bedeutet den Absturz in noch tiefere, primitivere Stufen des kollektiven Unbewußten. Der Metallstrom, in dem er sich befindet, erinnert nun ohne weiteres an die merkwürdige Identifikation von Metall und Geist, welche die Alchemisten vollziehen. Es ist ja ein geistiger, psychischer Strom und ein richtiger alchemistischer Spiritus, der Metalleigenschaften hat. Es gibt eine alte persische Sage von Gayomard, die besagt, daß sein Blut sich in sieben Metallen in die Erde ergoß. – Dieser Absturz in die Erde erscheint ihm aber als ein Sturz in die Materie des Gehirns. Dies ist ein sehr bemerkenswerter Zug. – Und die Flüsse sind ihm zusammengesetzt aus lebendigen Seelen. Die Idee der Insel, die hier auftaucht, ist ja die Idee der ‹seligen Insel›, jenes Eilandes der Ruhe, das in diesem ungeheuren Chaos von Bewegtheit irgendwo existiert. Jene Insel, von der MÖRIKE singt:

> «Du bist Orplid, mein Land,
> Das ferne leuchtet ...»

Eigentümlich ist die Tatsache, daß bei jemand wie GÉRARD DE NERVAL, der die Alchemie ja nicht kannte, eine Vorstellung auftaucht, die mit dem Alten, den wir ja bereits mit Hermes verglichen haben, verbunden ist, nämlich die Vorstellung, daß er ein Ackerbauer oder Gärtner sei. Diese Vorstellung finden wir bereits in den Zauberpapyri, wo der Agathos Daimon (der vielfach mit Hermes identifiziert wird), als Landmann erscheint: «Komm zu mir, du guter Landmann», oder «Ich rufe dich an, Herrin Isis, mit der zusammenkommt der Agathos Daimon, der im vollendeten Schwarzen wohnt.» Dieses Schwarze (das will ich nur schnell andeuten) ist die Pupille, das Schwarze im Auge, aber auch die schwarze Erde Ägyptens, auch die schwarze Isis. Deshalb kommt auch diese Vorstellung im Ägyptischen vor. Im Hymnus des ersten Herbsttages heißt es: «Der Tag, an dem das linke Auge der Göttin bereitet wird für die Ankunft des Gottes.» Das Schwarze ist die schwarze Erde, in der der Gott bestattet wird, zur Ruhe kommt, mit der er sich vereinigt. Beim Alchemisten OLYMPIODOR findet sich auch noch die Stelle: «Er kam zu Achaab, dem Landmann, und wird lernen, wie der, der das Getreide säet, es erzeugt.» In der Alchemie ist Saturn der Gärtner und die schwarze Erde und prima materia das Blei.

> Die Vision geht nun weiter: «Der Greis ließ seine Arbeit ruhn und begleitete mich zu einem Hause, das in der Nähe stand. Die Land-

schaft, die uns umgab, erinnerte mich an eine Gegend in Französisch Flandern, in der meine Vorfahren gelebt hatten und wo sich ihre Gräber befinden: das von Büschen am Waldsaum umstandene Feld, der nahe See, der Bach und der Waschplatz, das Dorf und seine ansteigende Straße, die Hügel aus düsterem Sandstein mit ihren Ginster- und Heidebüschen – ein verjüngtes Bild einst geliebter Orte. Das Haus, in das ich trat, war mir jedoch keineswegs bekannt. Ich begriff, daß es zu irgendeiner Zeit einmal bestanden hatte und daß in der Welt, die ich nun besuchte, der Schatten der Dinge den des Leibes begleitete.

Ich gelangte in ein großes Zimmer, in welchem viele Leute weilten. Überall fand ich bekannte Gesichter wieder. Die Züge verstorbener Verwandter, die ich beweint hatte, zeigten sich wieder bei anderen, die, in Gewänder früherer Zeiten gehüllt, mich ebenso verwandtschaftlich begrüßten. Sie schienen zu einem Familienfestmahl zusammengekommen zu sein. Einer dieser Verwandten trat auf mich zu und umarmte mich zärtlich. Er trug eine alte Tracht in verschossenen Farben, und sein lächelndes Gesicht unter gepudertem Haar glich irgendwie dem meinen. Er kam mir lebendiger vor als die anderen und stand sozusagen in einer engeren Beziehung zu meinem Geiste. – Es war mein Onkel. Er ließ mir einen Platz neben sich geben, und zwischen uns vollzog sich eine Art Mit-teilung; denn ich kann nicht behaupten, daß ich seine Stimme vernommen hätte. Nur wurde mir, in dem Maße wie mein Denken sich auf einen bestimmten Punkt wandte, dessen Erklärung sofort einleuchtend, und vor meinen Augen wurden alle Umrisse klar wie bei lebenden Bildern.

‹So stimmt es denn›, bemerkte ich entzückt, ‹wir sind unsterblich und bewahren hier die Bilder der Welt, die wir bewohnt haben. Welch ein Glück, zu denken, daß alles, was wir hier geliebt haben, immer um uns sein wird! ... Ich war das Leben recht leid.›

‹Übereile dich nicht mit deiner Freude›, sagte er, ‹denn du gehörst noch zur oberen Welt und hast noch schwere Jahre der Prüfung vor dir. Die Stätte, die dich begeistert, hat auch ihrerseits Leiden, Kämpfe und Gefahren. Die Erde, auf der wir gelebt haben, ist immer noch der Schauplatz, auf dem sich unsere Geschicke verwirren und lösen. Wir sind die Strahlen des Zentralfeuers, das sie belebt und das schon schwächer geworden ist ...› – ‹Wie?› sagte ich, ‹die Erde könnte vergehen, und wir würden dann vom Nichts verschlungen?›

‹Das Nichts›, erklärte er, ‹besteht nicht so, wie man meint; aber die Erde ist selber ein stofflicher Körper, dessen Seele die Summe der Geister ist. Der Stoff kann ebensowenig untergehn wie der Geist, aber er kann sich unter dem Einfluß von Gut und Böse wandeln. Unsere Vergangenheit und Zukunft hängen voneinander ab. Wir leben in unserer Art, und unsere Art lebt in uns.›

Dieser Gedanke wurde mir sofort sinnlich faßbar, und als hätten die Zimmerwände sich auf unendliche Perspektiven hin geöffnet, vermeinte ich eine ununterbrochene Kette von Männern und Frauen zu gewahren, in denen ich war und die ich waren. Die Trachten aller Völker, Bilder aller Gegenden erschienen deutlich auf einmal, als ob meine Wahrnehmungsfähigkeiten sich ohne Verwirrung vervielfacht hätten durch ein Raumphänomen, das jenem der Zeit entspricht, bei dem das Geschehen eines Jahrhunderts sich in einer Minute des Traumes zusammenzieht. Mein Erstaunen wuchs, als ich bemerkte, daß diese ungeheure Ansammlung nur aus den Personen entstand, die sich im Zimmer befanden und deren Bilder sich in tausend flüchtige Erscheinungsformen geteilt und neu verbunden hatten.

‹Wir sind zu siebt›, sagte ich zu meinem Onkel.

Er erwiderte: ‹Das ist in der Tat die für jede menschliche Familie typische Zahl und in der Erweiterung sieben mal sieben und mehr.›

Ich kann nicht hoffen, diese Antwort verständlich zu machen, die mir selber sehr dunkel geblieben ist.»[22]

Er sagt dann zur Siebenzahl noch: «Wie aber soll man die aus ihnen hervorgegangenen individuellen Zentren nachweisen, aus denen (– den sieben Personen –) sie hervorgehen wie eine kollektive seelenhafte Gestalt, deren Gefüge zugleich vielfältig und beschränkt sein würde.» – Bei dieser Siebenzahl muß man sich der sieben Götter erinnern. Unser schöner deutscher Name Elisabeth heißt im Babylonischen: Eli si beti = Unser Gott ist Sieben (Vater, Mutter = Sonne, Mond und die fünf Planetenkinder). Gérard de Nerval sagt dann noch dazu: «Genausogut könnte man die Blume nach der Zahl ihrer Staubfäden oder der Aufteilung ihrer Blütenkrone fragen …»[23]

Im weiteren Verlauf der Traumvision verwandelt sich nun der Greis in einen Jüngling, was wieder zur alchemistischen Parallele führt: Hermes, der als senex et iuvenis erscheint. Es ist auch nicht mehr der Alte,

---

[22] de Nerval, Aurelia. Sylvia, 16 ff.
[23] Ebenda, 18.

der ihm die Offenbarung oder Aufklärungen gibt, sondern der Jüngling erhält von ihm, dem Träumer, die Ideen. Sie sind auf einer Wanderschaft und kommen in eine große Stadt, von deren Bewohnern er folgendes sagt:

> «Sie wußten jedoch ihre unabhängige Eigenart inmitten einer Großstadt und einer gemischten und gewöhnlichen Bevölkerung zu wahren.»

Sie kommen also zu den Leuten, die es fertig gebracht haben, sich selber zu bleiben. Die Stadt liegt terrassenförmig am Abhang eines Berges, wobei die Häuser über mehrere Terrassen hinweggebaut sind, so daß sie fast übereinander stehen. Zuerst steigen sie auf vielen Treppen durch die Stadt hinauf, bis sie auf eine mit Gärten geschmückte, liebliche Höhe kommen, eine «köstliche Oase, eine unvermutete Einsamkeit über dem Getümmel und den Geräuschen der Tiefe, die nur wie ein Gemurmel heraufdrangen». Und von den Leuten dort sagt er: «Eine glückliche Rasse hatte sich diese Zuflucht geschaffen, voller Vögel, Blumen, reiner Luft und Klarheit [...] Das sind die alten Bewohner dieses Berges [...], der die Stadt beherrscht.»[24] Also über der Stadt ist dieser Berg, und das sind die Bewohner des Berges: die unten dran sind dann die Banalen.

Sie steigen nun in eines dieser Häuser von oben hinab, also durch das Haus hinunter. «Ich hatte den Eindruck, daß meine Füße die einander überlagernden Schichten der Gebäude aus verschiedenen Zeitaltern berührten.» Und das sei gewesen wie bei einer Ausgrabung, wo man Schicht um Schicht tiefer kommt. Endlich zuunterst kommen sie in ein Gemach – und dort ist wieder der Greis. Dieser Greis ist aber eine Art Handwerker, der bei einer Arbeit sitzt, also kein Landarbeiter mehr. Der Träumer tritt hinein, aber da ist ein weißgekleideter Mann, der ihn bedroht und ihn hindern will, weiter in das Geheimnis dieses Ortes einzudringen. Dieses Geheimnis ist eben, daß der Ort die glückselige Insel darstellt. Sie treffen dann auf eine alte Frau (wiederum die Marguerite) und dann auf ein Kind (das neu hinzukommt). Dann sieht er junge Leute. Von diesen jungen Leuten sagt er nun:

> Sie lebten «da liebreich und gerecht, geschickt, entschlossen und erfinderisch – als friedliche Überwinder der blinden Massen, die

[24] Ebenda, 19.

so oft über ihr Erbe hergefallen waren. Was denn! Weder verdorben noch vernichtet, noch Sklaven, bewahrten sie, obwohl sie die Unwissenheit überwunden hatten, im Wohlstand die Tugenden der Armut [...].

Das Gefühl, das mich unter diesen reizvollen Wesen befiel, die mir teuer waren, ohne daß ich sie kannte, kann ich nicht wiedergeben. Es war wie eine himmlische Urfamilie, deren lächelnde Blicke die meinen in süßem Mitgefühl suchten.»[25]

Damit beschreibt Gérard de Nerval eigentlich eine wesentliche Einstellung, nämlich die Treue zu sich selbst und zu seiner eigenen Einfachheit. Er beschreibt ein Menschengeschlecht, das so ist, wie es eigentlich sein sollte, so wie er eigentlich hätte sein sollen. Diese jungen Leute wollen ihn an diesem glückhaften Orte zurückhalten, aber plötzlich verschwindet alles und löst sich auf, und er erwacht nun zum Bewußtsein.

Nach einiger Zeit, in der er sich immer noch in der Heilanstalt befand, hatte er folgenden Traum:

«Ein weiterer Traum bestärkte mich in dieser Vorstellung (– nämlich der Gedanke der Unsterblichkeit seiner Freunde –). Ich befand mich plötzlich in einem Raum, der zur Wohnung meines Ahnherrn gehörte. Er schien lediglich größer geworden zu sein. Die alten Möbel leuchteten in wunderbarer Politur, die Teppiche und Vorhänge schienen erneuert. Dreimal stärker als das natürliche Tageslicht drang ein Schein durch das Fensterkreuz und die Tür, und in der Luft lag Frische und Duft der ersten linden Morgenfrühe im Lenz. Drei Frauen arbeiteten in diesem Raum und stellten ohne völlige Ähnlichkeit Verwandte und Jugendfreundinnen dar. Es schien, als ob jede von ihnen die Züge mehrerer dieser Personen trüge. Die Umrisse ihrer Gesichter verwandelten sich wie eine Lampenflamme, und jeden Augenblick ging etwas von der einen in die andere über. Das Lächeln, die Stimme, die Farbe von Augen und Haar, der Wuchs, bezeichnende Gebärden wechselten von einer zur andern, als ob sie vom gleichen Leben erfüllt wären, und so war eine jede ein Ganzes aus allen, jenen Idealbildern vergleichbar, welche die Maler verschiedenen Modellen absehen, um eine vollkommene Schönheit zu schaffen.

[25] Ebenda, 20f.

Die Älteste sprach zu mir mit warmer und melodischer Stimme, die ich als eine in Kindheitstagen gehörte wiedererkannte, und irgend etwas, das sie mir sagte, überraschte mich, weil es so völlig zutreffend war. Sie lenkte aber meine Gedanken auf mich selbst zurück, und ich fand mich in einer altmodischen braunen Festkleidung, die ganz aus spinnwebfeinen Fäden handgewebt war. Sie wirkte schmuck und anmutig und duftete zart. Ich kam mir in dieser Kleidung, die aus ihren Feenhänden kam, ganz verjüngt und aufgeputzt vor, und ich bedankte mich errötend, als ob ich nur ein kleines Kind vor schönen großen Damen gewesen wäre. Dann stand eine von ihnen auf und begab sich in den Garten. (– Er ist eingesponnen von den Spinnerinnen, den drei Parzen, die nur eine sind. Es ist immer die eine und dieselbe –).

Jeder weiß, daß man in Träumen niemals die Sonne sieht, obwohl man oft die Empfindung einer weit größeren Helligkeit hat. Gegenstände und Körper leuchten aus sich selbst. Ich sah mich in einem kleinen Park, durch den sich Bogenlauben hinzogen, an denen schwere weiße und blaue Trauben hingen. Wie die Dame, die mich führte, hindurchschritt, verwandelte der Schatten der Gitter für meine Augen abermals ihre Gestalt und ihre Kleidung. Schließlich trat sie hinaus, und wir befanden uns in einem offenen Geviert. Kaum bemerkte man noch die Spur früherer Alleen, die es einmal kreuzförmig geteilt hatten. Seit langen Jahren war die gärtnerische Pflege vernachlässigt, und dichte Schößlinge von Klematis, Hopfen, Geißblatt, Jasmin, Efeu, Osterluzei breiteten zwischen Bäumen von mächtigem Wuchs ihre langen Lianengewinde aus. Früchtebeladene Äste hingen bis auf die Erde, und unter Unkrautbüscheln entfalteten sich einige verwilderte Gartenblumen.

In größeren Abständen ragten Gruppen von Pappeln, Akazien oder Kiefern, unter denen von der Zeit geschwärzte Statuen hervorschimmerten. Vor mir bemerkte ich aufgetürmte Felsbrocken, aus denen unter Efeu eine Quelle hervorsprudelte, deren harmonisches Rieseln sich in ein Wasserbecken verlor, das von großen Seerosenblättern halb verdeckt war.

Die Dame, der ich folgte, offenbarte ihren schlanken Wuchs in einer Bewegung, bei der die Falten ihres Taftkleides aufschillerten. Ihr nackter Arm umfaßte anmutig den langen Stengel einer Stockrose; dann begann sie in einem hellen Lichtstrahl so zu wachsen, daß der ganze Garten allmählich ihre Gestalt annahm, und Blumenbeete und Bäume wurden zu Rosetten und Stickereien ihrer Gewandung, während Antlitz und Arme den Purpurwolken am Himmel ihre Form verliehen. Während sie sich so umgestaltete, verlor ich sie aus den Augen, denn sie schien in ihrer eigenen Größe unterzugehn. ‹Oh, fliehe nicht!› rief ich aus, ‹denn die Natur stirbt mit dir.›

Bei diesen Worten kämpfte ich mich durch die Dornen, wie um den großen Schemen zu erfassen, der mir entschwand. Dabei stieß ich gegen eine verfallene Mauer, an deren Fuß eine Frauenbüste lag. Als ich sie aufhob, kam ich zu der Überzeugung, daß es die ihre war... Geliebte Züge erkannte ich wieder, und als ich mich umsah, bemerkte ich, daß der Garten nun den Anblick eines Friedhofs bot. Stimmen erschollen: ‹Das All ist in der Nacht!›»[26]

Die Exposition dieses Traumes bringt wieder das Zimmer und das Haus des Alten, des Ahnen; dort wohnen die drei Parzen. Die Schürzung des Knotens zeigt den Träumer im Spinnengewand. Er wandert nun mit der Dame im Garten und findet die alte Kreuzform. Alles ist wieder in den Naturzustand zurückgekehrt, überwachsen mit wilden Blumen. Selbst die Gartenblumen sind wieder in den ursprünglichen Zustand der Wildheit zurückgekehrt. Das ist die Kulmination des Traumes, die Peripetie. Nun zeigt es sich, daß die Dame «mit ihrem aufschillernden Taftkleid» (das ist die heimliche Beziehung zum Dämon) ja der Garten *ist*. Sie wird zum Garten, er aber hat nun die Vision ihrer Bedeutung, nämlich die der mater natura. Aber in ihrer eigenen Größe entschwindet sie ihm. Darum sagt er: «Oh, fliehe nicht, denn die Natur stirbt mit dir!» Das heißt: Für ihn stirbt die Welt, wenn sie sich wieder in ihren Urzustand zurückverwandelt. Er kann die Gestalt nicht mehr fassen und findet nur noch die zerbrochene Büste seiner geliebten Aurélia. Der Autor bemerkt dazu:

> «Dieser anfänglich so glückliche Traum machte mich tief betroffen. Was bedeutete er? Das sollte ich erst später erfahren. Aurelia war gestorben.»

Sie ist wirklich gestorben, das ist ein historisches Faktum, und zwar vielleicht eben in jener Zeit. Er aber sagt:

> «Sie gehörte mir mehr in ihrem Tode als in ihrem Leben... Eine egoistische Vorstellung, die ich später mit bitterer Reue bezahlen sollte.»

---

[26] DE NERVAL, Aurelia. Sylvia, 22ff.

In den folgenden Delirien (er befindet sich immer noch in der Anstalt) zeichnet er immerfort Bildnisse seiner Aurélia mit Kohle auf eine Mauer (das heißt, das ist in Wirklichkeit geschehen).[27] Er hat in dieser Zeit viele Visionen, die ihn nun in die Schöpfungsgeschichte führen. Die Schöpfungsgeschichte zeigt funktional seinen Wiederherstellungsprozeß an. Er wird dann auch tatsächlich entlassen, und es geht ihm längere Zeit ordentlich. Eines Tages aber sieht er einen Vogel, und dieser fängt an zu sprechen. Dies erinnert ihn an seine frühere Vision vom Großonkel-Vogel. Und am selben Tag fällt er eine Treppe hinunter. Er wird krank, und seine Delirien beginnen von neuem. Er sagt:

> «Bei der Erinnerung an den Punkt, von dem aus ich gestürzt war, fiel mir ein, daß die von mir bewunderte Aussicht auf einen Friedhof ging, den gleichen, auf dem das Grab von Aurelia sich befand [...]. Zuerst hatte ich [im Schlaf] nur wirre Träume, in die sich blutige Szenen mischten. Es sah so aus, als ob eine verhängnisvolle Rasse inmitten der idealen Welt entfesselt worden wäre, die ich einstmals geschaut hatte und deren Königin sie war.»[28]

Dies bezieht sich wieder auf die glückselige Insel, wo diese schönen Leute wohnen und deren Königin eben Aurélia ist. Das niedere und banale Volk aber hat sich wieder einmal empört und hat offenbar die Insel invadiert. Er sieht nun in seinen Visionen einen jungen Mann, der, wie jene Bewohner der Insel, weiß gekleidet ist, und er erkennt in ihm den, der ihn dort hindern wollte, in die Geheimnisse der Insel weiter einzudringen. Zugleich erscheint er ihm als orientalischer Fürst. Wir hörten: Aurélia ist die Königin dieser Insel, und der junge Mann ist nun ein «orientalischer Fürst». Und er erkennt nun plötzlich, daß er ja gleich aussieht wie dieser junge Mann. Er sagt an dieser sehr wichtigen Stelle:

> «Ich stürzte auf ihn zu und bedrohte ihn, aber er drehte sich ruhig nach mir um. Welch ein Erschrecken! Welch ein Zorn! Es war mein Gesicht, meine ganze Gestalt, nur idealisiert und vergrößert...»[29]

Das ist jener, der auch vor ihm aus der Polizeiwache befreit worden war. Das ist der ‹andere›. Und er weiß, daß dieser ‹andere› ihm feind-

---

[27] Hier findet sich im Manuskript ein Hinweis auf Bilder, die wohl gezeigt worden sind: «Landmann, Hermaphroditus, Anima auf der Kugel – eine alchemistische Vorstellung, das heißt die Anima des Globus, die Anima der Erde.»
[28] DE NERVAL, Aurelia. Sylvia, 32.
[29] Ebenda, 32 f.

lich gesinnt ist. Er fragt sich allerdings zweifelnd, welcher von beiden er wohl sei, und kann das nicht entscheiden.

> «Ein verhängnisvoller Blitzstrahl durchfuhr plötzlich diese Dunkelheit … Aurelia gehörte nicht mehr mir! … Ich meinte, von einer Feierlichkeit reden zu hören, die sich anderswo abspielte, und von den Vorbereitungen zu einer mystischen Hochzeit, welche meine war und bei der der andere den Irrtum meiner Freunde und den von Aurelia selber ausnutzen würde.»[30]

Die folgenden Visionen führen ihn nun wieder in die große Stadt auf dem Berge und dort in eine Werkstatt, wo nun ein riesiges Tier von Arbeitern geformt wird. Und zwar ist es ein Lama mit Flügeln. «Dieses Ungeheuer war wie von einem Feuerstrahl durchbohrt, der es nach und nach lebendig machte, wobei es sich wand. Tausend purpurne Netze durchzogen es …» Man sagt ihm, daß dieses Feuer ursprünglich das Zentralfeuer gewesen sei, das früher bis zur Oberfläche der Erde heraufgekommen sei. «Aber die Quellen sind versiegt.» Er denkt, «eine gewaltige Verschwörung aller lebendigen Wesen» sei es, was da kollaboriere, um dieses Tier herzustellen. – Dieses Tier ist offenbar eine Doublette zum Genius, nämlich eine Wiederherstellung des Genius auf der Tierstufe, aber «die Quellen sind versiegt». Es bleibt beim Versuch.[31]

Und dieser Versuch wird nicht durchgeführt. Er wird nämlich von etwas anderem gefesselt: Er hört wieder sprechen von der «Hochzeit» und daß Aurélia mit dem ‹andern› Hochzeit feiern werde. «Alsbald bemächtigte sich meiner eine sinnlose Erregung. Ich stellte mir vor, daß der Erwartete mein Doppelgänger wäre, der sich mit Aurelia vermählen sollte …» Er selber wird angefallen von Feinden, die mit einer rotglühenden Kugel seinen Kopf bedrohen. Er wird von diesen Leuten in einem großen Saal gegen die Mitte gedrängt, wo ein Thron sich befindet. Dort soll die «mariage mystique» gefeiert werden. Und er weiß, daß man ein magisches Zeichen geben muß, worauf die Zeremonie beginnen wird. Und er will dieses magische Zeichen, das der Bräutigam geben sollte, selbst geben. Aber in diesem Moment hört er den Schrei einer Frau und weiß, es ist Aurélia. Und er weiß: «Zum zweiten Male verloren! Alles ist zu Ende, alles vorbei! Jetzt muß ich selber sterben und ohne Hoffnung sterben.»[32]

---

30 Ebenda, 34.
31 Ebenda, 36.
32 Ebenda, 40.

Damit hört der erste Teil des Buches auf. Der zweite Teil beginnt mit Betrachtungen des Autors über das Erlebte und Geschilderte, und da sagt er etwas sehr Merkwürdiges:

> «Vielleicht sind wir der geweissagten Zeit nahe, in der die Wissenschaft, sobald sie den ganzen Kreis von Synthese und Analyse, von Glauben und Verneinung abgeschritten hat, sich selber reinigen kann und aus Wirrwarr und Ruinen die wunderbare Stadt der Zukunft errichtet …» – und das ist eben wieder seine Traumstadt, diese «wunderbare Stadt». «Gott wird sicher die reine Absicht zu billigen wissen, und welchem Vater könnte es gefallen, wenn sein Sohn ihm gegenüber alle Überlegung und allen Stolz preisgäbe! Der Apostel, der berühren wollte, um zu glauben, ist deshalb nicht verdammt worden!» Und dann fügt er bei: «Was habe ich da niedergeschrieben? Das sind Lästerungen. Die christliche Demut kann nicht so reden. Derartige Gedanken sind weit davon entfernt, die Seele zu rühren. Sie tragen die überheblichen Blitze der Krone Satans auf der Stirn … Ein Pakt mit Gott selber? … O Wissenschaft, o Eitelkeit!»[33]

Aus dem Folgenden möchte ich Ihnen nur noch einen Traum erwähnen, den Gérard de Nerval berichtet. Er hörte ihn an dem Sterbebette eines seiner Freunde. Er sagt davon:

> «Es war ein erhabener Traum in den unbestimmtesten Räumen der Unendlichkeit, ein Gespräch mit einem Wesen, das von ihm zugleich verschieden und doch mit ihm verbunden war und das er, da er sich für tot hielt, befragte, wo Gott denn sei. ‹Aber Gott ist doch überall›, erwiderte ihm sein Geist. ‹Er ist in dir selber und in allen. Er richtet dich, hört dich an, berät dich; du und ich, wir denken und träumen zusammen – und wir haben einander niemals verlassen und sind ewig.›» – Der Autor sagt: «Gott ist mit ihm […], aber er ist nicht mehr mit mir. Welch ein Unglück! Ich habe ihn aus mir verjagt, ich habe ihn bedroht und verflucht! Er war doch jener mystische Bruder, der sich immer mehr von meiner Seele entfernte und mich vergebens warnte. Dieser bevorzugte Gatte, dieser ruhmvolle König, er richtet und verdammt mich und entführt für immer in seinen Himmel diejenige, welche er mir gegeben hätte und deren ich nunmehr unwürdig bin.»[34]

---

[33] Ebenda, 41.
[34] Ebenda, 43f.

Nach diesem erzählt er dann noch einen Traum, den er selber hatte. Er hörte von einem Gastwirt vom Selbstmord eines Freundes. Im Traum sprach er mit diesem Freunde, und er sah zugleich, daß hinter ihnen ein großer Spiegel war. Er glaubte, darin Aurélia zu sehen:

> «Sie schien traurig und nachdenklich, und auf einmal stand die süße, geliebte Gestalt neben mir, sei es nun, daß sie aus dem Spiegel heraustrat oder daß sie sich beim Durchschreiten des Saales einen Augenblick zuvor darin gespiegelt hatte. Sie reichte mir die Hand, betrachtete mich mit einem schmerzlichen Blick und sagte: ‹Wir werden uns später wiedersehn ... im Haus deines Freundes.› –
>
> Im Nu dachte ich an ihre Ehe, den Fluch, der uns trennte ... und ich fragte mich: ‹Ist das denn möglich? Sollte sie zu mir zurückkehren?› – ‹Haben Sie mir verziehen?› fragte ich unter Tränen. Doch alles war entschwunden [...].
>
> ‹Sie ist verloren!›, rief ich mir zu, ‹und weshalb?... Ich verstehe. – Sie hat sich ein letztes Mal bemüht, mich zu retten. Ich habe den hohen Augenblick verpaßt, in dem Verzeihung noch möglich war. Von Himmelshöhen konnte sie für mich den göttlichen Gatten bitten ... Und was kommt schon auf mein Heil an? Der Abgrund hat seine Beute gefunden ...›»[35]

Das Manuskript der ‹Aurélia› wurde auf dem Leichnam des Autors gefunden. In einer kalten Januar-Nacht irrte er in den Straßen von Paris umher und gelangte etwa morgens drei Uhr in ein Gäßchen in der Gegend der Tour St-Jacques. Dort war der Schaukasten eines Antiquitätenhändlers, und darin war eine Mumie aufgestellt. Und das hatte ihn offenbar veranlaßt, in dieses Gäßchen hineinzugehen. Das Gäßchen hatte früher ‹Rue de la Tuerie› geheißen, weil dort ein Schlachthaus stand. Es führte zur Seine, wo eine Kloake einmündete. Diese war durch ein Gitter abgesperrt. An diesem Gitter hängte sich GÉRARD DE NERVAL an einer Korsettschnur auf.

Das war das Ende einer Persönlichkeit, die es nicht verstanden hatte, den engen Kreis des persönlichen Ich zu sprengen und dem Schatten Aufnahme zu gewähren, jenem mißverständlichen Vorboten einer andern Ordnung der Dinge.

---

[35] Ebenda, 47 f.

Dieser Vortrag wurde im Psychologischen Club Zürich am 9. Juni 1945 gehalten. Er wird hier publiziert nach einem von C. G. JUNG nicht authentifizierten Typoskript von unbekannter Hand; Standort: ETH-Bibliothek / Archiv der ETH Zürich, Hs 1055:805[3]. – Die Zitate aus dem Werk von GÉRARD DE NERVAL sind dort in französischer Sprache eingefügt und hier für die JUNGIANA durch eine deutsche Übersetzung ersetzt worden. – In C. G. JUNG: Das symbolische Leben. Gesammelte Werke Bd. 18/II, § 1748, findet sich ein kurzes Autoreferat des Vortrags. – Der Erbengemeinschaft C. G. Jung danken wir herzlich für die Erlaubnis, den Vortrag veröffentlichen zu dürfen.

Vierköpfiger Cherub, ein Symbol seelischer Ganzheit.
PHILO VON ALEXANDRIEN *verstand ihn als die «Fülle der Erkenntnis Gottes».*

Thomas Elsner

Das Westliche Tor

I

Eines Morgens surfte ich an einem Ort an der kalifornischen Küste, der von den Chumash-Indianern das Westliche Tor genannt wird. Von diesem Ort wird gesagt, daß die Seelen der Verstorbenen hinkommen, um die Erde zu verlassen. Da Amerika als Westen gilt und Kalifornien am westlichen Rand von Amerika liegt, befindet sich dieser Ort, dieses Westliche Tor, ganz zuäußerst am Rand der westlichen Zivilisation. In vielen Mythen wird gesagt, der Westen sei dort, wo die Sonne ihren Gang in die Unterwelt antritt, um durch alle Bereiche der Nacht zu reisen, bevor sie im Osten wiedergeboren und erneuert wird. Einige Leute spüren heutzutage, daß unsere eigene Zivilisation an einem solchen Tor angelangt ist, bereit zu einer solchen Reise.

Der Wind blies direkt aus Norden an jenem Tag, er wehte einem Sturm voran, wurde rasch mächtiger und peitschte das Meer auf. Dieser Winterwind wurde während der rund zwei Stunden, in denen ich da draußen war, immer intensiver; er begann bald, den Ozean aufzuwühlen, die regelmäßigen Muster der anschwellenden Wellen wurden unerkennbar, und er fegte ganze Schwälle von weißem, blindmachendem Gischt vor sich her. Dieses scheinbare Chaos trieb alle andern Surfer aus dem Wasser. Am Land bildeten Windwirbel kleine Tornados; der stechende Sand und die Kälte zwangen die Spaziergänger in aller Eile zurück zu ihren Autos und Straßen, zurück zu Heim und Herd. Dieser Nordwind ist ein unsichtbarer Engel, ein pneuma, ein Geist, der die Massen verscheucht. Er will das Alleinsein haben.

Er hatte mich. Ich war gepeinigt vom kalten, salzigen Gischt, kaltes Wasser tränkte mich mit Haut und Haar und Knochen, die Strömung trieb mich gegen Osten, es war nicht möglich, die Richtung beizubehalten, es war eine Art Verrücktsein, überhaupt hier draußen zu sein und das alles erst noch so tief zu lieben. Es bedeutet manchmal so viel, dieses absichtslose Alleinsein in der Natur. Unsere ursprüngliche Natur braucht solche Zeiten, braucht weiten Raum, um gespürt zu werden. Ich erinnere mich an eine Geschichte von John Muir, der in einem starken Sturm auf eine Kiefer kletterte, nur um zu spüren, wie sich das anfühlt da oben. Solchen Momenten wohnt eine bestimmte Qualität inne, eine Qualität von Zeit und Raum. Alleinsein in den Elementen: das belebt den archaischen Menschen, der noch immer in unserem Blut fließt, dessen Vorhandensein in unserem Erbgut festgelegt ist. Es ist etwas in mir – und in uns allen –, das an solche Momente gewöhnt ist, das sich ihrer erinnert, das sich nach ihnen sehnt. Die Eingeborenen der Labrador-Halbinsel in Kanada, die Naskapi, nennen es «the Great Man», der Große Mann, Mista'peo, der zu uns spricht, sowohl in der äußeren Natur als auch durch die Träume in unserer inneren Natur.[1]

Der Große Mann sieht anders als mein zivilisiertes, domestiziertes Ich. Worauf er auch seinen Blick wirft, dort ist er mit seinem ganzen Wesen; er breitet sich aus über den windgepeitschten Ozean, dehnt sich über die Abhänge der Hügel hinter dem Strand, zieht sich zur rechten Zeit zurück in die Äonen des Meeresrhythmus, des regelmäßigen Pulses, der konstant blieb über Tausende und Abertausende von Jahren, der alles Leben auf der Erde erst ermöglichte. Der Große Mann ist der Ozean und das Land. Dieser Alte fühlt sich verloren, angstvoll und allein, im Verkehr, in den Bürohäusern, in kleinen Zimmern ohne Fenster, beleuchtet nur durch Neonröhren, er fühlt sich allein und verlassen wie ein Bettler in der Hybris der modernen, egozentrischen Welt. Aber hier, allein in der Natur, hier fühlt er sich zu Hause.

Für Eingeborene wie die Naskapi ist sowohl innerlich wie äußerlich die Natur der Große Mann, eine hoch gefühlsbeladene, numinose, lebendige Erscheinung. Die Umwelt ist lebendig, Träume sind lebendig. Tiere sind bewußte Mit-Lebewesen, und Geister sprechen aus den Träumen zu den Menschen. Jedes Individuum ist identisch mit einem göttlichen Totemtier, das seine Seele ist.

Ein Traum sagte mir einmal: «Gott ist ein Seehund.» Während ich jetzt ‹allein› draußen im Ozean war, sah ich zwei Seehunde zusammen schwimmen wie ein Liebespaar, nur füreinander da, und es schien mir, daß ich Zeuge von etwas Heiligem wurde. Wer selber einmal Seehunde so nah vor sich sah, der erinnert sich vielleicht – sie haben diese großen, dunklen, unergründlichen Augen, die wie runde Gefäße sind, gefüllt mit einer Naturseele, oder die wie Teiche sind, in die dunkles, inneres Wasser gestiegen ist. Ich kann diese Augen nicht mehr vergessen, wie

---

[1] Vgl. HANSUELI F. ETTER: Mista'peo – der große innere Mensch der Naskapi-Indianer (nächster Aufsatz in diesem Heft).

sie mich heute anblickten, genau mich, wie kleine Strudel einer Schwerkraft, in deren Feld ich geraten war. Zuerst beachteten die Seehunde mich gar nicht. Sie schwammen nahe zu mir her, ihre Körper umschmeichelten sich, sie träumten ihren gemeinsamen Traum. Man weiß, wie das ist. Wir haben das auch so – es ist, als ob gar nichts anderes existieren würde. Plötzlich, überrascht mich zu sehen, tauchte das Paar rasch mit einem Spritzer aus Schwanz und Schaum in die kalte Tiefe hinab. Einige Sekunden später kamen sie wieder an die Oberfläche, diesmal mit gebührendem Abstand. Beide betrachteten mich, als ob sie sehr neugierig wären. Es ist ein unglaubliches Gefühl, diese Gegenwart von etwas Wildem, das dich betrachtet. Es ist, wie wenn die Natur selber dich im Blick hat. Die Natur sieht dich. Es ist ein Gegenüber da, ein Auge, das *dich* sieht, es ist eine Gegenseitigkeit.

II

Wenn ich mit den Seehunden im Ozean draußen bin, so überwiegen in mir Bilder und Emotionen, eher als rationale Gedanken. Allein in der Natur, beginne ich in einer anderen, mehr traumhaften Art zu denken, und damit verbunden spüre ich einen Einklang zwischen mir und der Welt um mich herum.

Hier ist es, in dieser Ganzheit von innen und außen, wo wir dem archaischen Menschen in uns begegnen, dieser großen, zwei Millionen Jahre alten Persönlichkeit. Er fühlt sich nicht allein, weil keine Menschen, keine Zeichen der modernen Zivilisation da sind. Er spricht zu den Tieren, nicht nur über sie. Sogar die Pflanzen, die Felsen sind Großväter, Großmütter, Brüder, Schwestern. ‹Allein› ist das falsche Wort. Es ist eine Verbindung mit der Welt da, erzeugt nicht durch Macht oder Logik, sondern durch Liebe, nicht durch rationales Wissen, sondern durch Gefühl. Die Indianer sagen, daß sie mit dem Herzen denken. So hoch differenziert ist ihr Gefühl.

Die westliche Zivilisation hat über die langen Jahre ihrer sich entfaltenden Entwicklung ständig an objektivem Wissen gewonnen, allerdings auf Kosten einer emotionalen Teilnahme an der Erde. Wenn wir in der Nacht die Sterne am Himmel betrachten, sehen wir nicht mehr länger – wie es unsere Vorfahren taten – die Gesamtheit der Götter und Helden in den Sternbildern verkörpert. Wir sehen nicht mehr länger ein großes, weißes Feuer aus himmlischem Licht, das durch kleinste Löcher im schwarzen Stoff des Nachthimmels strömt, ein Stoff gerade über unseren Köpfen, so nah, daß man hinaufklettern und ihn berühren könnte. Wir treffen auf den ‹Weltraum› statt auf den ‹Himmel›. Wir hören die Sphärenmusik nicht. Statt dessen – Schweigen.

Es scheint, daß wir für unser objektives Wissen mit dem Verlust der emotionalen Verbindung bezahlt haben, einem «Seelenverlust», wie man früher gesagt hätte. Das Schweigen des leeren Weltraumes widerspiegelt ein inneres Schweigen, einen Bruch mit unserer psychischen Tiefe. Da, wo früher etwas war, ist jetzt nichts mehr. Man denkt an eine alte Geschichte der Buschmänner, die LAURENS VAN DER POST erzählt[2]: Eine Frau steigt von den Sternen zur Erde herunter und heiratet einen Mann unter der Bedingung, daß er einen bestimmten Korb, den sie mitgebracht hat, nie öffnet. Die Zeit vergeht, und eines Tages kann der Mann nicht mehr länger widerstehen. Er öffnet den Korb. Sobald die Frau zurückkommt, weiß sie, was geschehen ist. Der Mann sagt: «Ich begreife nicht, wieso dir das so wichtig war, es ist ja gar nichts drin!» Die Frau sagt: «Nichts?» – «Ja genau, nichts!» Die Frau wird daraufhin sehr traurig und geht weg, sie wird nie mehr gesehen. ‹Leerer Weltraum› ist so etwas wie dieser leere Korb – der Spiegel von unserer leeren Seele, die Verbannung der anima mundi, des göttlich Weiblichen, des Eros, des Unerklärbaren, der Emotion. Wir bezahlen den Preis mit einem Sinnverlust. Sinn wird erhalten und gegeben von der Seele, von der schöpferischen Phantasie.

Es ist nicht das Schweigen des Weltraumes, das letztendlich Anlaß zur Sorge gibt, sondern es ist das Schweigen des symbolischen Bewußtseins. Symbole verbinden uns mit dem Mysterium des Unbekannten, und sie schützen uns vor der überwältigenden Kraft des bloßen Seins. Lebendige Symbole führen uns durch das Leben und sind sinnstiftend. Wir erfahren ihr Fehlen als *Getrenntsein,* als ein entwurzeltes Gefühl von Einsamkeit und Entfremdung. Dieser Seelenverlust führt zu allen Arten von psychischen Symptomen, wie Süchten, Sehnsucht, unbegründetem Individualismus, Depressionen, Ängsten, Zynismus, Nihilismus – alle weit verbreitet im Westen. Es fehlt uns die innere Sicherheit, und wir werden empfänglich für politische Beeinflussung. Das ist das Land der Leere. Es ist nichts im Korb.

Unsere Vorfahren erlebten die Dinge anders als wir. Und die Vorfahren in uns, die in den Tiefen unseres kollektiven Unbewußten leben,

---

[2] Vgl. LAURENS VAN DER POST: Das Herz des kleinen Jägers, Berlin 1962, 195 f.

tun dies immer noch. Für uns ist es gut, die in Vergessenheit geratenen und vernachlässigten Aspekte der Natur, unserer Natur, wieder zu fühlen und zu erfahren; für uns ist es gut, die heiligen, ursprünglichen Dinge wieder zum Leben kommen zu lassen. Normalerweise fürchten wir uns davor, oder wir sind mißtrauisch dagegen, weil uns außer in der Psychopathologie die symbolischen Gefäße fehlen, um tiefere, unpersönliche Manifestationen der Psyche aufzunehmen. Früher waren die archetypischen Kräfte in den Religionen enthalten, aber wo ist die lebendige Religion, der lebendige Mythos des Westens jetzt? Die Götter sind Krankheiten geworden, wie JUNG sagte.[3]

Die Natur wurde zur toten Materie. Die Seele, einst ein Mikrokosmos, wurde reduziert auf ‹bloße Subjektivität›. Das Unbewußte scheint nur noch ein Anhängsel des bewußten Ich zu sein. Deshalb erscheint die alte Aufforderung «Erkenne dich selbst» als geradezu lächerlich; was könnte offensichtlicher sein als das? Natürlich kenne ich mich, ich lebe in der und der Straße, ich bin ein Arzt, ein Mechaniker, ein Gatte, eine Mutter von zwei Kindern, ich habe gerne Katzen usw. Was gibt es da noch mehr zu kennen? Aber gleichzeitig sind wir in eine Inflation geraten, weil wir uns unbewußt mit den Archetypen identifiziert haben.

Ich möchte das archaische, animalische Bewußtsein nicht romantisieren. Wenn man allein darauf vertraut, ist diese traumhafte Art des Denkens sehr unvorteilhaft; für sich allein genommen ist sie eben auch einseitig, nicht an die Realität angepaßt. Die Geistertänze der Indianer konnten die Kugeln der Weißen nicht stoppen. Wir dürfen nicht blindlings aus einer Phantasie heraus handeln. Aber genausowenig können wir es uns leisten, diese Art des Denkens zu verunglimpfen und abzuspalten, indem wir sie als irrational abtun und meinen, damit seien wir sie losgeworden. Das Problem ist folgendes: Wir müssen einen Weg finden, wie wir uns mit diesem anderen, traumhaften Bewußtsein versöhnen können, da es ebenfalls einen Teil unseres Menschseins ausmacht. Dieser Teil trägt sehr viel zu unserem Leben bei, zu unserem Sinn für Ganzheit und sogar zu unserem ökologischen und psychologischen Überleben. Wir müssen den Kopf auf den Körper zurücksetzen.

Um das tun zu können, müssen wir uns wieder in die Erde verlieben, in die Natur, und zwar nicht nur in die Umwelt, sondern in die

---

[3] CARL GUSTAV JUNG: Kommentar zu ‹Das Geheimnis der goldenen Blüte›. Gesammelte Werke (GW) Bd. 13, § 54.

natura, wie die Alchemisten sie verstanden, also auch in das Innensein der Natur, die Seele. Das mysterium conjunctionis bedeutet die Vereinigung der Gegensätze, des Ich und des Anderen, innen und außen, bewußt und unbewußt, von Psyche und Materie, Seele und Körper, vereinigt nicht nur durch Logik, sondern auch durch Liebe.

Als die Seehunde im Ozean an mir vorbeischwammen, schien es, als seien sie Liebende. Sie hielten inne und schauten mich aufmerksam an, neugierig, aber scheu. Ich fragte mich in dem Moment, wie groß überhaupt der Unterschied zwischen den Seehunden und mir war. Es ist ein demütigender Gedanke. Wir sind beides Geschöpfe, die im Ozean treiben, offensichtlich fasziniert voneinander. Genau gesagt, bin ich in diesem Moment der Eindringling, der Außenseiter, der weniger Angepaßte. Ich bin der Besucher in ihrem Reich. Ich beginne das alles zu erahnen, zu spüren. Ich liebe dieses Draußensein im Ozean – niemand in der Nähe zu haben und ohne zwingenden Grund. Die nicht bewiesene Annahme, die ich von der heutigen Kultur übernommen habe – daß nämlich alles Bewußtsein im Schädel der Menschen wohnt –, scheint wie weggeblasen angesichts dieser tiefen, wilden Augen der Seehunde, die mich anblicken. Nicht nur ich, sondern auch sie sind bewußte Wesen. ‹Ich – Es› wird zu einem ‹Ich – Du›. Es ist ein wichtiger, bedeutungsvoller Moment. Es fühlt sich gut an. Ich bin mit einbezogen, nicht abgetrennt.

III

In unserer Kultur haben wir keine Anleitung für das Verstehen und den Umgang mit der animalischen Seele. Deshalb beachten wir sie einfach nicht. Es fällt vielen von uns schwer, sich ihren scheinbar unproduktiven Neigungen hinzugeben; diese stammen ja auch aus einer ganz anderen Ecke als unsere Ambitionen, sie haben wenig gemeinsam mit unserer Grundhaltung. Es ist sogar so, daß wir ein solches Erlebnis unterdrücken oder Angst davor haben. Das Verlangen, mit Seehunden zu sprechen, zum Beispiel, erscheint ganz einfach absurd.

Eingeborene würden von heiligen Tieren träumen, Tiere, die die Welt erschaffen und erhalten. Diese Tiere leben sowohl in ihren Träumen und Visionen, in ihren Mythen und Geschichten, wie auch in der äußeren Wildnis. Solche Menschen haben eine andere Beziehung, eine andere Gefühlsbeziehung zur Natur und zum nichtmenschlichen Leben als wir in der modernen westlichen Welt. Aber diese ursprüngliche Art lebt auch in uns noch weiter, nur schlafend, tief im Unbewußten versteckt. Vielleicht beginnt sie sich wieder zu regen und erwacht, wenn wir allein in der Wildnis sind, wenn wir eine alte Geschichte hören oder einen archetypischen Traum haben. Der subjektive Impuls selber kann nicht getötet werden, nur die vorübergehende Manifestation. Auch wenn wir nicht mehr glauben, daß Mista'peo die Träume schickt – träumen tun wir immer noch.

In den Träumen fallen wir in unsere Erde zurück, in unsere tiefste innere Natur, in das archaische Verlangen von Körper und Blut. Wir treffen auf eine ganzheitliche Welt, eine innere Wildnis, auf das Innensein der Natur. Dieses Hinunter- und Hineinfallen ist zugleich eine Reise zurück in die Vergangenheit. Wir treffen in Träumen auf Bilder und Emotionen, die älter sind als unsere kurzen Jahre auf der Erde, die zu den Vorfahren gehören; sie gehören nicht nur zu uns, sondern auch zum Großen Mann, wie die Naskapi sagen.

Ein Traum von mir sagte einmal: «Gott ist ein Seehund.» Ein solcher Traum weist zurück auf eine Zeit, als Tiere tatsächlich als göttliche Wesen verehrt wurden. Wenn ich in jener Zeit gelebt hätte, wäre dieser Traum vielleicht dem ganzen Stamm erzählt worden, und der Seehund hätte unser Totemtier werden können. Oder ich hätte einen solchen Traum als Offenbarung meiner eigenen Tierseele verstehen können, dann wären Seehunde für mich heilig gewesen, ja ich hätte sogar gewußt, daß ich gewissermaßen selber ein Seehund war. Der Seehund und ich wären Brüder, wären eine Familie gewesen.

Ich werde mit dem Erlebnis «Gott ist ein Seehund» von innen und von außen konfrontiert, zuerst als Äußerung einer Gestalt in einem Traum und dann als göttliche Erfahrung im Ozean. Während ich mit den Seehunden draußen im Ozean bin, erinnere ich mich an diesen Traum, diesen ‹irrationalen› Traum. Das hilft mir, das Erlebnis aus dem Kopf in meinen Körper gelangen zu lassen. Ich *spüre* seine Wahrheit. Gott ist ein Seehund – eine lebendige Realität in der Natur, etwas Amphibisches, das im Meer schwimmt und trotzdem Luft atmet und seinen Kopf unerwartet emporhebt und mich mit tiefen, mysteriösen Augen ansieht. Der Seehund wird als innerer und äußerer Partner erfahren. JUNG schreibt in einem Brief darüber:

> «Da die ‹objektive Psyche› nicht auf die Person begrenzt ist, wird sie auch nicht durch den Körper begrenzt. Sie manifestiert sich daher nicht nur im Menschen, sondern gleichzeitig in Tieren und sogar in physikalischen Begebenheiten … Diese letzteren Phäno-

mene bezeichne ich als Synchronizität archetypischer Ereignisse. Zum Beispiel gehe ich mit einer Patientin im Wald spazieren. Sie erzählt mir den ersten Traum ihres Lebens, der einen unauslöschlichen Eindruck auf sie machte. Sie hatte einen Geisterfuchs gesehen, der die Treppe in ihrem Elternhaus herunterlief. In diesem Augenblick kommt, keine vierzig Meter von uns entfernt, ein wirklicher Fuchs unter den Bäumen hervor und läuft ein paar Minuten lang ruhig den Weg vor uns her. Das Tier verhält sich so, als wäre es Partner in der menschlichen Situation. (*Ein* Faktum ist kein Faktum; hat man aber viele gesehen, beginnt man aufzuhorchen.)»[4]

«Das Tier verhält sich, als wäre es Partner in der menschlichen Situation», sagt JUNG. Einfach so. Der Traum «Gott ist ein Seehund» verfolgt mich von innen, wie mich die dunklen, runden Augen von außen verfolgen. Jeder Naskapi würde das unmittelbar verstehen, und doch faßt JUNG dieses Ereignis in einer ganz neuen Art auf. Mit JUNGs Theorie von der objektiven Psyche und der Synchronizität archetypischer Ereignisse ist es möglich, näher zu der ursprünglichen Seele zu gelangen, ohne unseren modernen Intellekt und unser kritisches Vermögen zu opfern. Der Seehund wird – wie der Fuchs – ein lebendiges, bedeutungsschwangeres Symbol, das eine Brücke bildet zwischen der inneren und äußeren Welt.

Draußen im Ozean lasse ich die archaischen Schichten dieser Erfahrung wieder zum Leben kommen. Ich fühle eine tiefe und starke gegenseitige Verbindung zwischen mir und der Welt um mich herum. Auch der Ozean und das Land mit dem über alles fegenden Wind erscheint nicht mehr als ‹Landschaft›, als Hintergrund, sondern als Persönlichkeit, als etwas Lebendiges. Ich bin auf mich bezogen, wie wenn ich ein anderer wäre. Das ist ganzmachend – heilig. JUNG schreibt:

> «Der unbezogene Mensch hat keine Ganzheit, denn er erreicht diese nur durch die Seele, die ihrerseits nicht sein kann ohne ihre andere Seite, welche sich stets im ‹Du› findet. Die Ganzheit besteht aus der Zusammensetzung von Ich und Du, welche als Teile ihrer transzendenten Einheit erscheinen, deren Wesen nur noch symbolisch erfaßt werden kann, zum Beispiel durch das Symbol des Runden, der Rose, des Rades oder der ‹conjunctio Solis et Lunae›.»[5]

---

[4] CARL GUSTAV JUNG: Briefe, Bd. I, 487 (an J. B. Rhine, November 1945).
[5] CARL GUSTAV JUNG: Die Psychologie der Übertragung, GW 16, § 454.

Zu diesen Symbolen könnte man die Augen der Tiere anfügen oder die dunklen Augen der Seehunde, die ebenfalls ein Rundes, ein rotundum sind wie das Rad; aber gleichzeitig sind sie auch ein Spiegel, in welchem ich eine winzige Reflektion von mir selber sehe und von welchem ich gesehen werde. Wie MEISTER ECKHART sagt: «Das Auge, in dem ich Gott sehe, das ist dasselbe Auge, darin Gott mich sieht.»[6]

Der Ökologe und Philosoph DAVID ABRAM berichtet von einem Erlebnis, bei dem er von einem Tier gesehen wurde. Es war ein Erlebnis mit zwei herrlichen Vögeln in Indonesien. ABRAM stand auf einem Fels in der Sonne und rollte eine Münze zwischen seinen Fingern. Diese Gewohnheit hatte er als Antwort auf den Brauch der Sherpas übernommen, die die Perlen ihrer Gebetsschnur durch die Finger gleiten ließen, begleitet vom bekannten Gebet «Om mani padme hum – O Juwel in der Lotusblüte». Ohne Absicht wurde dabei das Sonnenlicht in der rotierenden Münze reflektiert und traf die Augen eines Kondors, der über ihm flog. ABRAM schreibt:

> «Ich bemerkte, daß ein Kondor von seinem Weg abwich und seinem Partner davonflog, er schwebte jetzt mit weit ausgebreiteten Schwingen über dem Tal… Das Wesen kam bedrohlich nah und immer näher, bis es plötzlich hier war – eine immens große Silhouette direkt über mir. Die riesigen Schwungfedern bezwangen den leichten Wind und rauschten ein wenig… Vor diesem fremden Blick, der unendlich viel klarer und genauer war als mein eigener, fühlte ich mich ganz nackt. Ich weiß nicht, wie lange ich so versteinert da stand, ich weiß nur, daß die Luft unter meinen bloßen Knien durchströmte und daß ich noch den Wind in meinem Gefieder flüstern hörte, als mein Besucher schon lange wieder weg war.»[7]

Sonnenlicht, reflektiert von einer Silbermünze mit runder Oberfläche, rotierend in einer menschlichen Hand – welch schönes Symbol! Es findet eine conjunctio Solis et Lunae im rotundum der Münze statt. Die runde Münze ist wie der Mond, dessen Silbrigkeit sich mit dem goldenen Licht der Sonne vereinigt. Die Münze, sich drehend und rotie-

---

[6] MEISTER ECKHART: Die deutschen Werke, Bd. I, Stuttgart 1976, 440. – Vgl. auch MARIE-LOUISE VON FRANZ: Spiegelungen der Seele. Projektion und innere Sammlung. München 1988, 190–194.

[7] DAVID ABRAM: The Spell of the Sensuous, New York 1996, 24.

rend in ABRAMS Hand – ein anderes archetypisches Bild der conjunctio –, wirkt wie ein Licht der Natur. Dieses reflektierende Licht, gehalten von einem Menschen auf der Erde unten, lenkt die Augen des Tieres auf sich. Das ist *das* wesentliche Ereignis. ABRAM ist *erkannt*. Er ist auf dieselbe Weise erkannt, wie ein Buschmann erkannt ist; durch Identifikation mit dem Bewußtsein der Natur, das größer ist, «unendlich viel klarer und genauer» als das Ich.

Das Auge eines wilden Tieres trifft einen von außen her, aber andere haben dieses numinose Auge von innen her erlebt, in den Träumen. Die Träume sind ebenfalls natürliche Phänomene, sie stellen die Natur dar, wie sie von innen gesehen wird. EDINGER zitiert einen Traum von einem modernen westlichen Menschen:

> «Instinktiv schaute ich auf und sah ein rundes Auge mit blauem Himmel und einigen weißen Wolken darin. Meine Perspektive war die eines umgekehrten teleskopischen Feldes. Es war mir, als wenn ich zu ihm aufschaute; es schaute auf mich herab solcherart, als ob ich das Auge sehen konnte, das zu ihm aufschaute, und doch schien es etwas ganz anderes zu sein. Ich war in Ehrfurcht und fühlte mich tief gedemütigt und unaussprechlich menschlich.»[8]

Bei einem solchen Erlebnis, ob es nun von außen oder von innen an uns herantritt, fühlen wir die Gegenseitigkeit von Ich und Selbst, von Mensch und Gott, von der kleineren und der größeren Persönlichkeit. Die bewußte Beziehung zwischen diesen ist es, was JUNG unter Selbstwerdung, Individuation, versteht.

IV

Im Ozean draußen lerne ich wieder eine Art religiöser Ehrfurcht kennen, ähnlich der Ehrfurcht, die die Menschen einst zur Verehrung der aufgehenden Sonne führte oder zur Verehrung von Tieren, die sie auf sich schauen gesehen hatten, oder zur Verehrung der Berge, Meere, Bäume, der ganzen Natur selber, weil die Psyche einst in diesen enthalten war und erfahren wurde, ganz außerhalb – nicht in mir, nicht in einem überweltlichen Himmel, sondern im Baum oder im Stein, in den Tieren oder den Sternen, welche auf mich herunterschauen wie

---

[8] EDUARD F. EDINGER: Schöpferisches Bewußtwerden, München 1986, 51.

Augen, die *mich* erkennen, so wie ich sie erkenne. Mein Erlebnis im Ozean ist durchdrungen mit dem Nachhall dieser vorchristlichen, vorwissenschaftlichen Wurzeln. Das Erlebnis ist durchtränkt mit den tieferen Schichten des kollektiven Unbewußten, mit dem Teil unseres Geistes, der sich über Äonen entwickelt hatte, als Psyche und Materie noch nicht gespalten waren, bevor die Welt der inneren und äußeren Natur entzaubert wurde durch die Überlegenheit eines Gottes im ‹Himmel› oder durch das objektive, rationale Wissen.

Während ich mit den Seehunden im Ozean draußen bin, fühle ich ein dringendes Verlangen, mit ihnen zu sprechen. Mit einem kurzen Blick versichere ich mich, daß wirklich kein anderer Mensch in der Nähe ist, es ist mir ein bißchen peinlich. Trotzdem erlaube ich mir, dem ungerufenen Impuls zu folgen und mit den Seehunden zu sprechen, zu quieken und mit den Lippen zu schmatzen. Ich möchte ihre Sprache sprechen. Ich beginne, abstruse Töne auszustoßen, ich pfeife sogar und spritze mit den Händen Wasser. Die Kommunikation scheint wichtig zu sein!

Dieser Impuls, mit den Seehunden zu sprechen, ist nicht nur eine persönlich veranlagte, seltsame Eigenart von mir. Es ist vielmehr ein sehr altes archetypisches Verhalten. In vielen ursprünglichen Kulturen heißt es, daß Menschen und Tiere früher ganz selbstverständlich miteinander gesprochen haben, daß aber heutzutage nur noch Schamanen fähig sind, mit den Tieren zu sprechen. In der christlichen Tradition konnte der heilige Franz von Assisi mit den Tieren sprechen. In GRIMMS Märchen ‹Die drei Sprachen› erlernt der Sohn eines Grafen die Sprache der Hunde, der Vögel und der Frösche von seinen Lehrmeistern (sehr zum Unmut seines Vaters, der dies alles als nutzlosen Unsinn betrachtet). Mit dem Beistand der Tiere erfüllt der Sohn sonst unmöglich zu lösende Aufgaben und wird am Ende zum neuen Papst geweiht.[9]

Wir erahnen die Wichtigkeit von diesem ‹Sprechen mit den Tieren›, das während des Christentums fast verlorengegangen ist und das dann durch die Übermacht der Naturwissenschaften ganz verbannt wurde – ein primitives Gefühl für die Natur als etwas Intelligentes, sogar Heiliges. Die Sprache eines heiligen Tieres symbolisiert vor allem die ‹Weis-

---

[9] Vgl. GOTTHILF ISLER: Der neue Papst und die Tiere. Vom Geist der Natur in Märchen und Sagen. Jungiana, Reihe A, Bd. 9, 99–135.

heit› oder den ‹Geist› der Natur, etwas Numinoses in den Träumen und der Umwelt – wie etwa der wunderbare Kondor oder der mysteriöse Seehund, welcher uns sieht und mit uns in Beziehung tritt –, das aber fast nicht in Einklang zu bringen ist mit unserer zivilisierten Welt. ABRAM schreibt, daß er nach seinem Erlebnis mit dem Kondor, als er wieder zurück in den Vereinigten Staaten war, Nachbarn in Erstaunen versetzte, weil er «mit Eichhörnchen schwatzte, welche flink an den Stämmen der Bäume herabkletterten und über den Rasen sprangen», um ihn zu necken.[10] Das Sprechen mit den Tieren stellt einen Versuch dar, mit dem Bewußtsein der Natur in eine Beziehung zu treten. Aber wenn die symbolische Bedeutung dieser Impulse nicht verstanden wird, sind sie belanglos. Man wird dann nur zu einer solchen Person, die Nachbarn in Erstaunen versetzt.

Einmal träumte ich, daß ein mir bekannter Jungscher Analytiker die Äußerungen der Tiere verstehen konnte. Im Traum fragte ich mich, ob ich das wohl auch lernen könnte.

Jungsche Analytiker halte ich für solche, die wissen, wie man Träume interpretiert. Träume sind den Äußerungen der Tiere vergleichbar. Sie stellen natürliche Vorgänge im Körper und im Unbewußten anschaulich dar, sie sprechen nicht in erster Linie rational, logisch oder intellektuell zu uns, sondern in Bildern, Emotionen und Symbolen. Träume sind eigentlich die Sprache der Natur selber. Sie tragen nebst anderem unsere frühesten und ursprünglichsten menschlichen Erfahrungen in sich und bringen dies in symbolischen Bildern und zugehörigen Emotionen zum Ausdruck. Aus diesem Grund erscheint die Sprache der Träume für den rationalen Intellekt oft als Gequake der Frösche, als Gezwitscher der Vögel oder als Bellen der Hunde. Aber Träume zeigen, daß sie sinnvoll sind, gerade so, wie das Märchen ‹Die drei Sprachen› darauf beharrt, daß die Sprache der Tiere sinnvoll ist. Wir können darauf hören. Die Religion der Naskapi besteht ausschließlich daraus, den Träumen Aufmerksamkeit zu schenken, ihren Mitteilungen zu folgen und sie in Kunstwerken zu ehren. Und zwar geben sich die Naskapi diesem Brauch nicht einfach als Zeitvertreib hin, sondern es ist für sie eine Frage des Überlebens. Eingeborene sind von ihren Träumen abhängig, sie werden von ihnen geführt, mit allen Konsequenzen, die das mit sich bringt. Durch den Kontakt mit unseren eigenen Träumen beginnen wir von *innen* her zu fühlen –

---

[10] ABRAM: The Spell of the Sensuous, 25.

nicht aus Überzeugung oder aus einer Theorie heraus, sondern aus persönlicher Erfahrung –, daß die Natur nicht ‹tote Materie› ist, sondern eine anima mundi, ein lumen naturae, eine lebendige Seele, welche *uns* sehen und erkennen kann – ein Licht, das uns durchs Leben führen kann.

Es spielt keine Rolle, wie einschneidend dies unserer rationalistischen Welt gegen den Strich geht. Es ist mit dem vergleichbar, was die Naskapi sagen: Es gibt einen Großen Mann, eine zwei Millionen Jahre alte Persönlichkeit innerhalb und außerhalb von uns. Diese größere Persönlichkeit erzeugt symbolische Erlebnisse in der Natur und in den Träumen, und diese Erlebnisse sind nachgewiesenermaßen sinnvoll.

V

Mein Erlebnis von den Seehundaugen als «runde Gefäße, gefüllt mit einer Naturseele, oder die wie Teiche sind, in die dunkles, inneres Wasser gestiegen ist», ist voller Phantasie, aber es ist nicht ein ausschließlich illusorisches Erlebnis, in dem die Seehunde für mehr gehalten werden, als sie wirklich sind. Dieses ‹Etwas mehr, als was wirklich ist›, dieser Aspekt meines Erlebnisses ist auch eine Tatsache, eine psychische Tatsache, die für sich allein existiert und mit der ich konfrontiert bin. Eine Tatsache, die sinnvoll ist, wenn man ihre Sprache kennt. Diese Qualität, daß ‹etwas mehr› da ist, diese imaginative Qualität, ist die Realität der Psyche, die Objektivität der Psyche, wie JUNG sagen würde.

Ich treffe auf diese Seehundaugen, sie sind nicht bewußt erfunden. Es ist eine Erfahrung, die nicht nur von mir, sondern auch von anderen gemacht wurde. Keltische Segler sahen Selkies – Seehunde, die sich in schöne Frauen verwandeln konnten – aus dem grauen Nebel über dem Meer auf sich starren. BRIAN SWIMME und THOMAS BERRY schreiben:

> «In ihren Ritualen lauschten die ersten, noch naturverbundenen Völker der Musik der Weltgeheimnisse, die tief in ihrer Brust ein Echo erweckten. Wenn sie im Eismeer auf einem fellbedeckten Kajak trieben, wenn die dunkle Wasseroberfläche mit der Winternacht verschmolz und die Gegenwart eines ungeheuren, glänzend glatten Wesens mehr zu ahnen als zu sehen war; wenn sich der Jäger dann plötzlich Auge in Auge diesem Geist aus den Tie-

fen des Ozeans gegenübersah – dann erlebte er etwas, was ihn noch Jahre später feierlich stimmte. Das in diesem Augenblick geborene Lied gab einem ganzen Leben Inhalt und Erfüllung.»[11]

Wenn wir uns in die Symbole vertiefen, die in unseren archetypischen Erlebnissen und Träumen erscheinen, wenn wir ihnen unsere ganze Aufmerksamkeit schenken, erschaffen wir ein symbolisches Gewebe für uns selber, eine Art Seelenkörper, wie die Alten sagen würden. Das Erlebnis gewinnt eine seelenvolle Bedeutung, die *uns* eine Seele gibt. Das ist der schöpferische Prozeß, der am Ende zur bewußten Realisation des Selbst führt. JUNG sagt: «Im Schöpferischsein wird man erschaffen.»

Falls die symbolischen Erfahrungen für uns keinen Sinn ergeben, falls sie tönen wie das Bellen der Hunde, das Gezwitscher der Vögel oder das Quaken der Frösche, dann könnte das daran liegen, daß wir unser Leben nur vom rationalen, logischen Standpunkt angehen, vom Logos aus, als Gegensatz zum Eros. Falls unser Vermögen verlorengeht, die Bedeutung von Dingen zu fühlen, bleiben wir nur halb bewußt. Wir sind dann von der Erde abgeschnitten wie ein Kopf ohne Körper. Der Große Mann spürt diesen Verlust und versucht, heilend zu wirken. Es liegt in unserer Verantwortung, auf seine Stimme zu hören.

Vielleicht ist dies das Tor, an dem die westliche Welt heute steht; der Rand der westlichen Zivilisation kommt in Sichtweite, wenn wir unseren heldenhaften Aufstieg aus der Beengtheit und Dunkelheit der Natur und des Unbewußten beendet haben. Wir stehen wieder da, wo wir angefangen haben, aber wir schauen nun mit neuen Augen, wir beginnen wieder zu spüren, daß die Natur nicht von Grund auf dunkel und unendlich schweigsam ist. Es existiert nämlich etwas wie diese tiefen Seehundaugen, etwas, das *uns* zurückansieht. Nichts kann wichtiger sein, als in diese Augen zu schauen, denn hier ist das zu finden, was wir verloren haben, und hier können wir erfahren, wer wir sind. Es ist hier, wo wir *erkannt* werden – von der anderen Seite des westlichen Tores.

Thomas J. Elsner, M.A., 545 Vereda Del Ciervo, Goleta, California 93117, USA. Übersetzt von Renate Kehl-Isler, dipl. sc. n., Küsnacht.

---

[11] THOMAS BERRY und BRIAN SWIMME: Die Autobiographie des Universums, München 1999, 51 f.

Julian David

Mythos und Religion: Geschichten aus dem Werk von Ovid

I Mythos und Symbol

OVIDS ‹Metamorphosen›[1] gehören zu den großen Wieder-Erzählungen griechischer Mythen. Während zweitausend Jahren waren sie der Hauptkanal, durch welchen die Geschichten in die westliche Kultur einflossen. OVIDS anmutige Hexameter hatten ihren Platz im Curriculum von Gymnasien und Universitäten ganz Europas so gut wie in den Fundamenten seiner größten Literatur. PETRARCA, DANTE, BOCCACCIO, CHAUCER, SPENCER, SHAKESPEARE, MILTON – sie alle haben sich an den Metamorphosen genährt. Für uns aber hat seine Dichtung zweitausend Jahre später eine besondere Bedeutung.

Wie wir lebte OVID am Ende eines Zeitalters. TED HUGHES weist darauf hin. In der Einleitung zu seinen ‹Tales from Ovid› (Geschichten aus dem Werk von Ovid) schreibt er: «Die Geschichten vermitteln einen groben Eindruck davon, was es bedeutet, in jener Kluft zu leben, die sich am Ende eines Zeitalters auftut. Neben allem andern, was wir in diesen Geschichten sehen, erkennen wir dies mit Bestimmtheit.»[2]

Worin genau aber besteht diese Kluft? Mit Sicherheit zeigt sich ihr Wesen daran, daß die alten Strukturen von Staat und Tempel zusammengebrochen und noch nicht durch neue ersetzt worden sind; so liegt die ganze Welt des Mythos offen vor uns, und es gibt keinen Zwang, irgend etwas davon wörtlich zu verstehen. Die Kluft wirkt deshalb wie ein Schacht, der in das Wesen des Mythos selber hinunterführt.

---

[1] PUBLIUS OVIDIUS NASO: Metamorphosen. Epos in 15 Büchern. Artemis Verlag, Zürich 1958.

[2] TED HUGHES: Tales from Ovid. Faber and Faber, London 1988, XI.

Wenn wir aufhören, einen Mythos wörtlich zu verstehen, so wird er entweder zu einer harmlosen Unterhaltung für Kinder, oder er wird psychologisch, wendet sich einwärts. Erst in diesem Falle aber erfahren wir seine wahre Natur und seine Kraft.

Dazu ein Beispiel: Wenn die Heimsuchung Danaes durch den goldumwobenen Zeus bloße Geschichte ist, dann geht uns eine so unabsehbare Befruchtung aus dem Jenseits nichts an. Die psychische Energie des Bildes fließt in die historische Gestalt. Vielleicht beten wir zu ihr; vielleicht haben wir das Gefühl, sie als Person zu kennen, aber wir erfahren ihr Schicksal nicht als das unsrige. Es ist ja Danae, die empfängt, oder es könnte Maria sein. Es ist Perseus, der in die Unterwelt steigt, oder Jesus. Christus durchwandert alle Stunden der Nacht oder Horus. Aber all dies ist nicht unsere Sache. Es ist, wie JUNG erwähnt, die Idee des Helden. Er ist es, der tut, was wir tun sollten, aber eben nicht tun. Christus stirbt, Christus fährt in die Unterwelt. Wir sind dazu nicht verpflichtet.

Hierin liegt auch der Kerngedanke des Reiches, denn er schafft brave Untertanen und eine stabile Gesellschaft. Der Herrscher identifiziert sich mit dem Helden, beansprucht körperliche oder geistige Abstammung von ihm. Bürger und Bürgerin projizieren ihren eigenen Helden auf ihn und sind sehr glücklich dabei; darin liegt die menschliche Schwäche, sich dieser Last zu entledigen. Herrschaft und das wörtliche Verständnis des Mythos spiegeln sich gegenseitig. Europa wurde aus den Ruinen eines Reiches geboren, das sich über die ganze damals bekannte Welt erstreckte. Es endete mit der Aufteilung in ein halbes Dutzend Reiche, von welchen sich jedes als rechtmäßiger Nachfolger Roms betrachtete. In einem langen Jahrhundert der Konflikte zerstörten sie sich gegenseitig. Dies ist die psychologische Kluft, die Bodenlosigkeit, in welche wir gefallen sind. Aber einmal mehr liegt die Welt des Mythos offen vor uns, ohne Druck auf irgend jemanden unter uns, irgend etwas davon wörtlich zu nehmen.

Wenn es jedoch darum geht, den Mythos in uns selber aufzunehmen, müssen wir uns jener Realität stellen, die von der Kultur so vehement verneint worden ist. Es ist die Realität der Psyche selber sowie jener Sprachformen, die der Seele Ausdruck verleihen. Psychologie ist der Logos (das heißt das Wort) der Psyche, aber diese kann nicht ihre eigenen Worte bilden. Worte entstehen in der jeweiligen Besonderheit der Materie: dies ist ein Krug, dies ein Kessel, dies ein Mann, dies eine Frau – ich bin ich und nicht jene andere Person. Andererseits ist das

Seelische fließend. Nacht für Nacht sehen wir seine Erscheinungen im Traum ineinander- und auseinanderfließen. Jeden Tag sehen wir (wenn wir sehr genau hinsehen) unsere eigenen Identitäten ineinander- und auseinanderfließen. Die Psyche ist wie ein unterirdisches Meer, welches die Welt von unten her berührt, oder wie jener Ozean, den die Alten über dem Firmament vermuteten. In beiden Bildern offenbart sich die Wahrheit der Mystiker, daß nämlich kein Mensch eine Insel ist. Menschliche Worte werden in der Außenwelt gebildet, dann aber nicht wörtlich verstanden. Das ist die Art von Sprache, die wir als symbolisch bezeichnen. Sie weist über sich selbst hinaus. Dichtung schöpft aus ihr sowie der Mythos, und selbst in einer Kirche, die dazu neigt, alles konkret zu verstehen, lebt die Religion vom Symbol. Die Salbung mit Öl, das Essen von Brot, das Trinken von Wein sind Symbole.

Da nun Symbole die einzige Form bilden, in der wir von der Psyche reden können, so sind sie auch die einzige Form, in welcher die Psyche zu uns sprechen kann. Traumbilder werden in der greifbaren Welt geprägt, aber sie rutschen, gleiten, glitschen ineinander, sind entweder sinnlos oder symbolisch zu verstehen. Physische Symptome benehmen sich übrigens, wenn wir genau hinsehen, in derselben Weise. Die vielen Worte für Psyche bringen ihre wandelbare Natur zum Ausdruck. Sie versuchen etwas zu fassen, was gleichzeitig ein Schmetterling (griech. *psyche*) sowie Atem oder Wind (griech. *pneuma*) zu sein scheint. In nahezu sämtlichen ursprünglichen Kulturen ist sie die Gemeinschaft der Ahnen. Sie steht für Gott im Monotheismus, für die Götter im Polytheismus, für die Einbildungskraft des Dichters (etwa bei WILLIAM BLAKE), für das «kollektive Unbewußte» oder die «objektive Psyche» bei JUNG. Die Seele ist auch einfach das *mysterion* im ursprünglichen griechischen Sinn, das ‹Verborgene›, das auch das ‹Heilige› ist, weil ja alles, was ist, aus ihm hervorgeht.

In unserem modernen Mythos ist damit schließlich jenes Nichts gemeint, das vor dem Urknall war, als es noch keine Zeit und kein ‹vorher› gab, das Nichts jenseits der gekrümmten Grenze des Raums, wo es keinen Raum gibt und damit kein Jenseits. HENRY VAUGHAN sprach im 17. Jahrhundert von einer «tiefen, aber blendenden Dunkelheit» («There is in God, some say, a deep, but dazzling darkness»). Die Worte stammen aus einem Gedicht, das den Titel trägt ‹Die Nacht›, und das so empfunden ist, als ob es selber heilig wäre.[3] Damit ist es eine Form

---

3 HENRY VAUGHAN: Metaphysical Poets. Penguin Classics, 280.

des wohl ältesten aller Symbole, der schwarzen Jungfrau, Cybele mit dem schwarzen Antlitz, schwarz, weil unbekannt, Jungfrau, weil unbekannt, Mutter, weil alles von ihr stammt. Unzählbar die Symbole für diese Wirklichkeit, die uns eine tägliche Erfahrung ist und doch nicht anders ausgedrückt werden kann.

Man könnte Religion als das definieren, was das Symbolische ernst nimmt; aber gerade dies haben wir in der westlichen Welt seit der Massenbekehrung des Römischen Reiches nicht getan. Seither wurde das Symbol zu etwas derart Verfestigtem wie die steinernen Gebäude Roms. Man erinnere sich: Vor der Schlacht an der Milvischen Brücke erblickt Kaiser Konstantin im Himmel ein Kreuz, das in die Worte gehüllt ist: *In hoc signo vincis* – in diesem Zeichen wirst du siegen. Er entscheidet die Schlacht für sich und zieht in Rom ein. Die Geschichte vom Kreuz am Himmel ist so unwahrscheinlich wie irgendein Märchen, aber ihre Kraft ist wahrlich real genug. So folgte das tragikomische Schauspiel, daß sich Senatoren, Anwälte, Sklaven, Soldaten unter ihren Offizieren, barbarische Stammesleute unter ihren Chefs in eine Reihe stellen, um getauft zu werden, neugeboren aus dem Wasser. All dies ist Symbol.

Im Laufe der europäischen Geschichte nimmt die Verwirrung zu. Jedesmal, wenn der Papst jemanden exkommuniziert, vertieft sich die Kontaktlosigkeit mit dem Wesen der Psyche. Jedesmal, wenn ein Psychologe vom anderen Psychologen sagt, er sei ganz einfach im Unrecht, wird die Spaltung tiefer. Das Symbol ist eine Möglichkeit, mit einer Wirklichkeit in Kontakt zu sein, die so wendig ist wie SHAKESPEARES Ariel, der fliegt, schwimmt, ins Feuer taucht, auf lockigen Wolken reitet, die ganze Welt umkreist, bevor das Herz auch nur zweimal zu schlagen imstande ist.[4] Das ist die Psyche. Das Symbol ist die einzige Sprache, die ihr gerecht werden kann. Der Unterschied zwischen einem guten und einem schlechten Dichter liegt in der Genauigkeit, mit welcher er diese Sprache handhabt. Dasselbe gilt für die Psychologie und, wie ich glaube, für die Theologie.

Es ist die Tragödie unserer Kultur, nicht zu verstehen, daß ihr eigener Mythos Symbol ist. Jesus wandte die Auseinandersetzung nach

---

[4] WILLIAM SHAKESPEARE: Der Sturm (erster Aufzug, zweite Szene; fünfter Aufzug, erste Szene). Sämtliche Werke. Übersetzt von August Wilhelm Schlegel und Ludwig Tieck, Bd. I, Komödien, Verlag Lambert Schneider, Heidelberg (o. J.).

innen. Die Zeit werde kommen, so sagte er, da Gott weder hier noch dort, nicht an diesem und nicht an jenem Ort, sondern im Geist angebetet würde (Joh 4, 23–24). Jesu Predigt war wie das Orakel von Delphi, welches, nach einer Bemerkung HERAKLITS, weder klar spricht noch lügt, sondern ein Zeichen gibt. Der verlorene Sohn wird mehr belohnt als jener, der zu Hause blieb. Warum? Jesus erklärt nicht, er überläßt es dem Zuhörer (Luk 15, 11–32). Der ungetreue Haushalter, der durch Schuldenerlaß seinen Herrn schädigt, wird gelobt (Luk 16, 1–9). Warum? Der Landstreicher, der zur Hochzeit eingeladen wird, aber ohne Hochzeitskleid erscheint, wird hinausgeworfen (Mat 22, 1–14). Warum? Jesus gibt keine Antwort. «Wer Ohren hat, der höre!» (Mat 13, 9). Die zentralen Gedanken des Christentums, wie die Wiedergeburt aus dem Wasser und die Einverleibung von Jesu eigenem Fleisch und Blut, sind offensichtlich symbolische Wahrheiten. «Wie kann ein Mensch in den Leib seiner Mutter eingehen und geboren werden?» So fragte Nikodemus (Joh 3, 4). Jesus gab keine Erklärung. Dies kann nicht erklärt werden. Es ist ein anderer Gebrauch von Sprache. Doch in diese Sichtweise einzutauchen bedeutet soviel wie wiedergeboren zu werden.

Dies war der Grund, weshalb sich der Jüdische Tempel und das Römische Reich einig waren darin, daß Jesus sterben müsse. Neunzehn Jahrhunderte später sollte eine Gruppe katholischer Theologen vorschlagen, religiöse Dogmen nicht wörtlich aufzufassen. In ihren Augen waren es zwar Offenbarungen aus einer unsichtbaren, heiligen Welt, aber gefaßt in ihrer eigenen Sprache, die symbolisch zu verstehen ist. Die Kirche, wie der Jüdische Tempel, festgelegt auf die buchstabengetreue Interpretation ihrer Dogmen, nannte sie Modernisten und erstickte die Bewegung derart wirkungsvoll, daß nur noch wenige heute überhaupt wissen, daß sie je existiert hat. Die große Mehrheit der Christen fühlte sich sehr erleichtert, denn die Untertanen fürchten sich mit den Herrschenden vor Veränderung, Anarchie und Freiheit des Symbols.

Werfen wir aber noch einmal einen Blick auf das erste große Ereignis zurück, auf die Bekehrung des Römischen Reiches. Welcher Mythos wurde damals wörtlich aufgefaßt? Es waren nicht die vielen Götter, sondern der Eine Gott, dessen äußere Form das Reich selber war. Wenn nun aber Reiche zerfallen und Konstantins Bekehrung zu dem Einen Gott rückgängig gemacht wird, was ist dann nicht länger konkret zu verstehen, was wendet sich einwärts, was wird psychologisch, und was zeigt seine wahre Wirklichkeit und Macht? Es ist der Eine Gott. Wenn er buchstäblich aufgefaßt wird, wird er zur Unterdrückung, zur Einheitlichkeit; was aber, wenn wir ihn symbolisch verstünden? Dann wäre er jene innere Einheit der Psyche, die JUNG das Selbst genannt hat. Es wäre jener Mythos, der nötig ist, um in einer Welt zu bestehen, in welcher es keine äußere Autorität mehr gibt. Dadurch würde der innere Zusammenhalt eines Menschen auf die Probe gestellt, seine Authentizität, seine Kraft, selber Autor zu sein – im wahrsten Sinne also seine Autorität. Und es ist in diesem Sinne, daß die analytische Psychologie, wie JUNG zutiefst glaubte, in der Kontinuität des Christentums steht. Sie ist sowohl eine schlichte Rückkehr zu den christlichen Wurzeln als auch eine Neuinterpretation der Beziehungen zwischen Psyche und Materie, mit der Hilfe einer weit fortgeschrittenen Wissenschaft.

Der erste Schritt in jeder Erfahrung mit der Psyche (seien dies Träume, Phantasien, Visionen, psychotische Wahnvorstellungen, überwältigende Liebe oder Haß) besteht darin, sie nicht wörtlich zu nehmen. Aber wie schwierig ist dies umzusetzen! Unsere erste Reaktion verführt uns immer zum ‹Wörtlich-konkret-Nehmen›. Solche seelischen Erfahrungen öffnen den Weg in den inneren Raum, und wir sehnen uns nach ihm und fürchten ihn zugleich. Wir haben Angst, verlorenzugehen, hilflos den Meeresströmungen ausgesetzt zu sein oder gar verrückt zu werden. Doch Bilder der Auflösung sind allgegenwärtig in Mythen. In der Alchemie wird Gabricius in Beyas Körper aufgelöst. Im Christentum steigt der Neubekehrte in das Wasser der Taufe, löst sich dort auf, steigt wieder empor, nachdem er den entferntesten Punkt seiner Existenz berührt hat und dadurch erneuert wurde. Auch im Schamanismus unterzieht sich der Initiant demselben Vorgang. Immer in symbolischer Form – wie im Theater – erlebt als Wirklichkeit.

OVIDS Geschichten stammen ursprünglich aus schamanistischen Kulturen, die dem Reich vorangingen, in welchem er lebte, und er hat sie uns überliefert. In ihnen werden Menschen zu Fröschen oder Füchsen und verwandeln sich wieder zurück. OVID verfügte über die Klarheit des Künstlers und Schamanen, daß er selber all die Formen sei, über die er schreibt, und doch zugleich auch keine. Ihm war deutlich, daß der Mensch ein Kompendium der Natur sei und daß es einen Verlust an Menschlichkeit bedeute, ganz in einen einzelnen Teil hineinzufallen. So gut wie die Geschichtenerzähler wußte er, daß solche Verwandlungen nicht wörtlich zu verstehen sind, sondern daß sie Geisteszustände beschreiben. Er wußte, daß ein Mensch zum Wolf werden kann und keine andere Lebensmöglichkeit hat, da ja in seinen Augen alle anderen Menschen auch Wölfe sind; ebensogut wußte er, daß der Mensch unter Umständen kalt wie eine Schlange ist, den Herdentrieb eines Schafs oder die einsame Durchtriebenheit eines Fuchses verspürt und dennoch äußerlich ein Mensch bleibt. In unserer Kultur wissen Richter und Gefängniswärter um Wölfe und Füchse und haben selber gar manchen von ihnen in den eigenen Reihen. Politiker kennen die Schafe; Ärzte und Pfleger kennen die Bäume und Büsche, jene Patienten, die sich zurückgezogen haben in ein ruhiges, pflanzenähnliches Sein, weil die Hitze der Bewußtheit zu groß war, zu unerträglich für sie. Oft sind sie Traumaopfer, die allzu jung und ohne innere Möglichkeit der Auffassung Opfer gewalttätiger Leidenschaft geworden sind. Genau so sucht Daphne, verfolgt von Apollo, Zuflucht in einem Baum, Narziß in einer Blume, der vom Satyr verfolgte Syrinx in einem Bündel von Schilfrohr. Bewußtsein lebt in keiner besonderen Tierart oder Pflanze, sondern im Ganzen. OVID bewohnt jeweils für eine kurze Zeit jeden einzelnen der Zustände, die er beschreibt, aber er bleibt in keinem stecken.

Zu seiner großen Überraschung wurde OVID jedoch aus Rom und aus den Annehmlichkeiten seiner dortigen Erfolge ins Exil geschickt. Hinfort hatte er in einer entfernten, kulturlosen Stadt namens Tomis am Schwarzen Meer zu leben. Er hatte sich keines Verrats schuldig gemacht, wie er betonte, aber jedem Beamten mußte klar sein, daß OVIDS ganze Haltung einem Verrat gleichkam. Der Staat ist eine solide Realität, und die Mythen, die ihm zugrunde liegen, müssen ebenfalls solide sein. Romulus und Remus konnten als nichts anderes denn als historische Gestalten verstanden werden. Die Höhle, wo sie von der Wölfin gesäugt worden waren, hatte noch immer vorhanden zu sein, sichtbar inmitten des Forums. Der Kaiser mußte göttlicher Natur sein, mit einem direkten Zugang zu Jupiter, er durfte nicht etwa symbolisch verstanden werden. Eine «Psychologisierung» des Mythos, wie sie JUNG später von Christen vorgeworfen wurde, kam nicht in Frage. OVIDS Werk hätte das Mißtrauen jedes Kaisers erweckt, genau wie HERAKLIT, SOKRATES oder irgend jemand, der sich von der wörtlichen Interpretation des Mythos distanzierte. In späteren Zeiten wurde aus den kaiserlichen Höflingen die Heilige Inquisition, denn Reich und Kirche waren verschiedene Zweige ein und derselben Sache. Außerhalb der konkretisierenden Mythen des Staates zu stehen ist Verrat.

Reiche vergehen. NIETZSCHE nannte dies Gottes Tod, aber es handelt sich um den Untergang des Reiches: «– endlich erscheint uns der Horizont wieder frei, gesetzt selbst, daß er nicht hell ist, endlich dürfen unsre Schiffe wieder auslaufen, auf jede Gefahr hin auslaufen, jedes Wagnis des Erkennenden ist wieder erlaubt, das Meer, *unser* Meer liegt wieder offen da, vielleicht gab es noch niemals ein so ‹offnes Meer›.»[5] Aber die Kunst der Navigation geht verloren. Hier liegt die Aufgabe der Psychologie. Denn ohne ständigen Rückbezug zur Seele bleibt nichts als die entsetzliche Langeweile einer Materie, die von ihren Wurzeln im Psychischen abgeschnitten ist.

Mit diesen Erscheinungen befaßt sich die Pharmakologie; sie setzt dabei Antidepressiva ein, vernetzt die Synapsen und greift ein in das endokrine System. Sie stellt damit Gleichgewichte wieder her, die im natürlichen Zustand durch die Begegnung mit der Wirklichkeit dieser Welt aufrechterhalten werden: durch Hunger, Angst, Entbehrung, körperliche Anspannung – und danach Nahrung, Wiederfinden von Ruhe, Nach-Hause-Zurückkommen. In einem gewissen Sinne hat die Pharmakologie recht, denn die große Familie körpereigener Chemikalien führt uns tatsächlich zur Bewußtheit. Aber die passive Einnahme von künstlich hergestellten Chemikalien wird nie die aktive Auseinandersetzung mit dem Streß ersetzen können, in welchem die körpereigenen Chemikalien produziert werden. Das Versagen der Pharmakologie zeigt sich in der Passivität ihrer Patienten. Wie können wir in einer Kultur leben, deren Triumph darin besteht, den Kampf mit der Natur unnötig zu machen, ohne gelangweilt, deprimiert und extrem abhängig von chemischen Substanzen zu sein?

Auf diese Probleme gibt es keine andere Antwort als die, einmal mehr den Weg in das Reich der Psyche zu suchen. Dort sind Schrecken, Hunger, Bedürftigkeit und instinkthafte Erfüllung ebenso real wie in der Außenwelt – aber nicht zu verstehen im wörtlichen Sinne. Es ist immer das Problem der mystischen Sprache gewesen, daß sie unzweideutig sexuell ist – aber nicht wörtlich verstanden werden soll! Ihr Thema war immer die Welt der Psyche. Wir wußten nicht, daß sich *alle* Menschen in ihr bewegen können, gemäß ihrer eigenen menschlichen Natur.

Der Ringkampf

Betrachten wir das Motiv des Ringkampfs im Mythos. Kein Symbol könnte konkreter sein, aber Jakob ringt mit einem Engel und Mene-

---

[5] FRIEDRICH NIETZSCHE: Die fröhliche Wissenschaft. Werke in drei Bänden. Bd. 2, Darmstadt 1963, 206, Nr. 343.

laos mit Protheus, der seine Gestalt immerfort wandelt, um zu zeigen, daß er hinter allen Gestalten lebt. Der Ringkampf ist immer eine Auseinandersetzung zwischen der bewußten und der unbewußten Psyche, und er wird oft als ein Kampf mit ‹Gott› erlebt. Es ist allerdings auch möglich, daß er als Ringen mit einem Dämon erscheint; und daran, ob wir das Unbewußte als positiv oder als negativ oder als beides zugleich erleben, läßt sich die Natur des Konflikts ablesen.

Als Beispiel möge LONGFELLOWs indianischer Held Hiawatha dienen.[6] Er ringt mit Mondamin, der grün und goldfarbig ist wie das Maiskorn, in welches er sich durch den Wettkampf verwandelt. Die Geschichte lautet folgendermaßen:

Wie alle Schamanen kennt Hiawatha die Sprache der Tiere. Er kennt deren Namen und all ihre Geheimnisse. Er nennt sie die Brüder Hiawathas, und er sehnt sich danach, einen Weg zu finden, auf welchem sein Volk leben kann, ohne die Tiere töten zu müssen. Psychologisch gesagt sehnt er sich danach, nicht mehr als Räuber von anderen Wesen, sondern aus sich selber zu leben. Wie alle Schamanen muß er sich nach innen wenden, um die Lösung hinter der Fassade der sichtbaren Welt zu finden.

Der Mythos weist auf jenen Wendepunkt, an welchem umherziehende Jäger und Sammler sich niederlassen, um Ackerbau zu betreiben. Psychologisch markiert er den Punkt, an welchem ein Mensch in intimen Kontakt mit dem Unbewußten tritt, was immer einem Ringkampf gleichkommt. Statt über die Oberfläche der Großen Göttin zu wandern und ihre Gaben ohne Anstrengung zu empfangen, lassen sich die Menschen nieder. Daraus entsteht eine radikal neue Beziehung zur Natur, auch zur inneren Natur. Die psychologische Bedeutsamkeit des Feldbaus wird spürbar, ein Vorgang, der am Ende der Steinzeit in allen Teilen der Welt beobachtet werden kann; er betrifft verschiedene Völker, die äußerlich keinerlei Verbindung zueinander hatten. Auf der Ebene der individuellen Entwicklung ist mit diesem Ereignis auf das Ende der Adoleszenz hingewiesen, wenn ein Mann sich ganz auf die physische Wirklichkeit einläßt, so wie sie ist; wenn er Grenzen anerkennt und hinnimmt, daß er hier und nicht dort ist, zusammen mit diesen und nicht jenen Menschen, in diesem Beruf, nicht in jenem – kurz, daß er sich selber nicht

---

[6] HENRY WADSWORTH LONGFELLOW: The Song of Hiawatha. In: The Complete Poetical Work. Boston und New York 1893.

entfliehen kann. Unter denselben Bedingungen hat sich auch die Sprache entwickelt: Dies ist ein Topf, dies ein Kessel, ich bin ich. Er verläßt das Mysterium, aus welchem er geworden ist, dreht sich um und setzt sich nun damit auseinander. Das Mysterium selber verwandelt sich dabei. Es ist nicht länger die Mutter, sondern wird Frau, Gattin, Gefährtin. Es ist der Wendepunkt eines Lebens und war, auf kollektiver Ebene, ein Wendepunkt in der Entwicklung des Bewußtseins.

In unserem Mythos geht Hiawatha in den Wald, baut sich ein Wigwam und nähert sich in traditioneller Art den Göttern, das heißt, er fastet. Am Abend des dritten Tages beginnt er zu halluzinieren. Der Anfangsritus ist vollzogen; etwas wird ihm gewiß antworten. Und tatsächlich: Im Licht der untergehenden Sonne nähert sich eine Gestalt, in Grün gekleidet, aber mit einem Körper von Gold. «Steh auf», sagt der Fremde, «und kämpfe mit mir!» In dem Augenblick, in welchem er ihn berührt, spürt Hiawatha Vertrauen, Hoffnung, Mut und Liebe in sich aufwallen – seelische Energie.

Faint with famine, Hiawatha
Started from his bed of branches,
From the twilight of his wigwam
Forth into the flush of sunset
Came and wrestled with Mondamin;
At his touch he felt new courage
Throbbing in his brain and bosom,
Felt new life and hope and vigour
Run through every nerve and fibre …
And the more they strove and struggled
Stronger still grew Hiawatha.

In einfache Prosa übersetzt, sagen diese Verse das folgende: Schwach vor Hunger erhob sich Hiawatha von seinem aus Ästen bereiteten Bett; aus dem Zwielicht seines Wigwams kam er heraus ins Flutlicht der untergehenden Sonne und nahm den Ringkampf mit Mondamin auf. Unter dessen Berührung spürte er neuen Mut durch seinen Kopf und sein Herz pulsieren. Er spürte, wie neues Leben, neue Hoffnung und neue Kraft durch jeden Nerv und jede Ader floß … Und je mehr sie rangen und kämpften, um so stärker wurde Hiawatha.[7]

---

[7] Vgl. Carl Gustav Jung: Symbole der Wandlung. Gesammelte Werke (GW) Bd. 5, Walter Verlag, Olten und Freiburg i. Br. 1973, 577.

Den Ringkampf können wir als einen Kontakt mit Energien begreifen, die vorher nur latent vorhanden waren. Im Kampf kommen sie an die Oberfläche, in diese Welt. Es ist dieselbe Erfahrung, die wir machen, wenn wir von einer Idee berührt werden, die sich nach ihrem eigenen Gesetz bewegt und wirkt. Sie rührt aus einem anderen Bereich der Seele, ist nicht Teil des Ich, und bringt mit sich ihre eigene, besondere Energie. JUNG hat solche Begegnungen als aktive Imagination bezeichnet. Es geht dabei um viel mehr als um die bloße Beobachtung einer Phantasie; es geht darum, daß wir uns auf das Unbekannte einlassen, mit ihm handgemein werden, kämpfen.

An drei Abenden ringt Hiawatha mit dem Fremden, bis ihm dieser, Jakobs Engel gleich, den Sieg überläßt.

Then he smiled and said «Tomorrow
Is the last day of your conflict
Is the last day of your fasting.
You will conquer and o'ercome me.
Make a bed for me to lie in,
Where the rain may fall upon me:
Strip these garments, green and yellow,
Strip this nodding plumage from me,
Lay me in the earth and make it
Soft and loose and light above me

(Das letztere entspricht der sorgfältigen Bestellung des Ackerbodens, wie jeder Gärtner weiß.)

Let no haze disturb my slumber
Let no weed nor worm molest me,
Let no Khagagee the Raven,
Come to haunt me and molest me,

(Genau so halten indianische Kinder auch heute noch die Vögel von den Maisfeldern fern.)

Only come yourself to watch me,
Till I wake, and start, and quicken,
Till I leap into the sunshsine.»

Wiederum in Prosa fassen wir die Verse wie folgt zusammen: Dann lächelte er und sagte: «Morgen wird der letzte Tag deines Konflikts sein, der letzte Tag deines Fastens. Du wirst mich besiegen und überwinden. Mach ein Bett für mich, wo ich liegen und wo der Regen auf mich fallen kann. Streif diese grünen und gelben Gewänder von mir ab, streif dieses oberflächliche Gefieder von mir. Leg mich in die Erde und mach sie weich und locker und leicht über mir. Laß keine Schwerarbeit meinen Schlummer stören, kein Unkraut und keinen Wurm mich plagen; laß keinen Raben mich verfolgen und belästigen – komm nur selber, um mich zu betrachten, bis ich erwache, mich erhebe, mich neu belebe und in den Sonnenschein springe.»

Wir spüren die Gegenwart von LONGFELLOWS eigenem christlichem Erbe hinter diesen Bildern, die Wache am Grab, den österlichen Sprung ins Sonnenlicht; aber darauf kommt es nicht an. Es geht um denselben Archetypus, Tod und Wiedergeburt, der in allen Kulturen gegenwärtig ist. Ihm zu begegnen ist der Wendepunkt in allen Leben. Verstärkt wird diese Erfahrung durch die Anschauung des pflanzlichen Wachstums. Die Geschichte des Ringkampfs ist durch und durch symbolisch, und dennoch – wie Theater – intensiv wirklich. Die Begegnung mit der Erde spiegelt die Begegnung mit der inneren Psyche. In dieser Begegnung wird das Ich erwachsen. Es ist jetzt nicht mehr einfach Kind der großen unbekannten Macht, sondern gleichwertig – ist Gatte der eigenen Mutter, ist auch ihr Bruder und selbst ihr Vater. Das ist der heilige Inzest der Alchemie. «Du hast mich verzaubert», heißt es im Hohen Lied, «du, meine Schwester und Braut!» Im Symbol des Inzests verschmelzen verschiedene Aspekte des Weiblichen. Sie sind allesamt Personifikationen jener Dunkelheit, aus welcher wir kommen, mit welcher wir uns auseinandersetzen, zu welcher wir zurückkehren und welche wir auch neu gebären – die Tochter.

In der Odyssee kämpft Menelaos mit Proteus, der alle Formen der Natur in sich vereinigt.[8] Proteus ist auch als Nereus bekannt, als jener alte Mann des Meeres, der fünfzig Töchter hatte, Meeresnymphen, die Nereiden genannt. Er schläft auf einer Insel, die dem Nildelta vorgelagert ist, umgeben von Seelöwen, die vielleicht eine andere Form seiner Töchter sind. «Wenn du dich verirrst, kannst du ihn bitten, dir den richtigen Weg nach Hause zu weisen. Aber zuerst mußt du mit ihm ringen. Das aber ist sehr schwierig. Umfängst du ihn als Seelöwen, verwandelt er sich in einen Baum oder einen Fluß oder einen Leoparden.»

---

[8] HOMER: Ilias/Odyssee. In der Übertragung von Johann Heinrich Voß. Darmstadt 1960, IV. Gesang.

«Nur wenn du bis zum Ende aushältst», wird er antworten. Dann wird es seine Ganzheit sein, aus der die Antwort kommt. Er mag dann sagen: «Fahr nach Osten, bis du zur felsigen Küste von Illyrien kommst, dann nördlich in Richtung des Polarsterns», und so weiter. Aber eben, dies ist symbolisch zu verstehen, denn ein Mann zu Hause, ‹bei sich selber›, ist er selber, und das Zuhause ist auch das Ganze. Der Gegensatz zwischen dem Besondern, verwurzelt in Zeit und Raum, und der Totalität, die jeden Raum und alle Zeit umfaßt, ist der Ringkampf. Hältst du lange genug durch, bleibst du lange genug dabei, wirst du deinen Namen erfahren. Er bezeichnet weder eines Menschen Besonderheit noch seine Universalität, sondern beides zusammen. Er ist nie ein Entweder-Oder, sondern ein Sowohl-Als-auch. Und in der Vereinigung dieses Gegensatzes ist sein ‹Zuhause›.

Im hebräischen Mythos kämpft Jakob mit dem Engel (1. Mose 32). Auch er kehrt nach langer Wanderung heim – dahin, wo sein Bruder Esau ihn erwartet, den er vor langer Zeit betrogen hat. Esau lagert ganz in der Nähe, jenseits des Hügels, mit 400 Mann, und Jakob verbringt eine lange, ruhelose Nacht, sein Bewußtsein und sein Gewissen befragend. Es ist dieser Moment, in welchem der Fremde auftaucht und ihn zum Ringkampf zwingt. Wie Hiawatha läßt Jakob den Gegner nicht los, bis dieser den Sieg gewährt. Aber zuvor schlägt dieser ihn auf den Oberschenkel und lähmt ihn. Der Schenkel ist im hebräischen Kulturraum eine Metapher für die Geschlechtsteile. Damit ist der Tod einer bestimmten Potenz angedeutet, jener nämlich, aus welcher der biologische Stamm hervorging. Trotzdem läßt Jakob nicht los. «Laß mich gehen», sagt der Fremde, worauf Jakob antwortet, daß er ihn nicht lassen wolle, bevor er ihn segne. Nun segnet ihn der Unbekannte und gibt ihm einen neuen Namen, Israel, den Namen für seine individuierte Persönlichkeit, für seinen Platz in der Geschichte seines Stammes. Als aber Jakob den Fremden nach dessen Namen fragt, weigert sich dieser, und sofort weiß Jakob Bescheid, denn die Juden können den Namen Gottes nicht wissen. Es ist Gott selber, mit welchem er gerungen hat. Ist es der Gott der äußeren oder der inneren Welt? Angesichts der Unendlichkeit des inneren Raums verliert diese Frage jede Bedeutung.

Auf einer frühen Vasenmalerei wird Nereus mit einem Fischschwanz abgebildet; aus seinem Körper tauchen verschiedene Lebewesen auf, so ein Hirsch, ein Löwe und eine Viper. Dies verdeutlicht, daß er die gesamte Natur ist. Nach Ovid bewohnt er den Ozean, der die Welt umringt, und erscheint als junger Mann, als Löwe, wilder Eber, Schlange,

Stier, Stein, Baum, fließendes Wasser oder Feuer. Aber der Name Proteus bedeutet auch soviel wie erster Mensch, Protomensch. In der Gnosis ist es der Anthropos, in der Begrifflichkeit von JUNG das Selbst. In dieser Beziehung ist Proteus wie der Held jenes wirklich großen Mythos, des Evangeliums nach Johannes (die anderen Evangelisten sind in ihren Gedanken viel weniger archetypisch). Bei Johannes ist Jesus das Vorbild für alle Natur – als Gott sowohl wie als Mensch. «Alle Dinge sind durch dasselbe (das Wort) geworden, und ohne dasselbe ist auch nicht eines geworden, das geworden ist» (Joh 1, 3). Auch Proteus eignet diese Universalität. Dasselbe gilt von der großen Eiche in Dodona (das früheste uns bekannte griechische Orakel) und vom Weltenbaum des nordischen Mythos. Mit ihrem ausladenden Geäst im Himmel und ihren Wurzeln in der Erde, mit den großen Welten, die sie für Myriaden von Lebewesen erschaffen und die sie in sich bergen, stellen sie die Ganzheit dar. Sie sagen die Wahrheit, weil sie die Wahrheit sind. Sie sind die Natur selber.

Proteus hat auch eine weibliche Gestalt, die Meeresnymphe Thetis, die nicht gefreit werden kann, bevor sie von ihrem Anbeter in allen verschiedenen Formen gehalten worden ist, deren sie fähig ist. Dann aber, so ist geweissagt, wird sie ein männliches Kind empfangen, das viel größer sein wird als sein Vater. Wie erzählt wird, sah Zeus davon ab, Thetis zu begatten – aus naheliegenden Gründen – und beauftragte seinen Enkel Peleus, es an seiner Stelle zu tun. Das Kind war Achilles, ein gewöhnlicher sterblicher Krieger, aber viel größer als sein Vater Peleus. Wir können uns fragen, was für ein Kind wohl geboren worden wäre, wenn Zeus die Tat vollbracht hätte. Es wäre eine Variante des christlichen Mythos entstanden, der vom Besuch des Engels bei Maria erzählt. Es wäre ein menschliches Kind entstanden, das größer als Zeus gewesen wäre, größer im einzigen Sinne, in welchem Menschen größer sein können als Götter: daß er diese in eine begrenzte Welt bringt, daß er Begrenztheit erleidet, aber auch das Glück der Begrenztheit erfährt; Götter nämlich können weder leiden noch sich glücklich fühlen. Denn das ist das Vorrecht des Fleisches, daß es tastbar ist, daß es Eindrücke gewinnt und fühlt: daß es empfindsame Materie ist.

II Orpheus

«Mein Leben ist die Geschichte einer Selbstverwirklichung des Unbewußten. Alles, was im Unbewußten liegt, will Ereignis werden ...» Dies sind erste Sätze aus JUNGS ‹Erinnerungen, Träume, Gedanken›.[9] In ‹Ein Sommernachtstraum› nennt SHAKESPEARE drei Arten, wie das Streben der Psyche, «Ereignis zu werden», uns packen kann. Die erste ist Tollheit, die zweite Liebe und die dritte Kunst. Die dritte Art ist die einzige, in welcher SHAKESPEARE zu Hause ist, und nach seiner Auffassung ist es die einzige, die der Aufgabe gewachsen ist.

Wahnwitzige Poeten und Verliebte
Bestehn aus Einbildung.

(Das heißt, daß sie von Einbildungskraft, von der Macht des Seelischen, ganz erfüllt oder sogar besessen sind.)

Der eine sieht
Mehr Teufel, als die weite Hölle faßt;
Der Tolle nämlich; der Verliebte sieht,
Nicht minder irr, die Schönheit Helenas
Auf einer äthiopisch braunen Stirn.
Des Dichters Aug', in schönem Wahnsinn rollend,
Blitzt auf zum Himmel, blitzt zur Erd' hinab,
Und wie die schwangre Phantasie Gebilde
Von unbekannten Dingen ausgebiert,
Gestaltet sie des Dichters Kiel, benennt
Das luft'ge Nichts und gibt ihm festen Wohnsitz.[10]

Der Dichter ist der einzige von den dreien, der mit dieser gewaltigen Macht umgehen kann. Der *feste Wohnsitz* meint ein konkretes Hier und Jetzt. Wie sich der Dichter abmüht mit Worten, ist seine Art des Ringens. Dessen Entsprechung in der Liebe wäre die Ehe, das zentrale Thema im Mythos von Orpheus, der – obwohl ein wortgewaltiger Dichter – mit der Ehe nicht zurechtkam. Deshalb zerstören ihn die Mänaden – und all dies ist Symbol.

Seine Geschichte ist die folgende: Er ist der erste Dichter und der erste Geschichtenerzähler. Geschichten stellen eine Kunstform dar, die sogar älter als die Malerei und die Bildhauerei ist, und die Geschich-

---

[9] CARL GUSTAV JUNG: Erinnerungen, Träume, Gedanken. Aufgezeichnet und hrsg. von ANIELA JAFFÉE. Zürich und Stuttgart 1962, 10.
[10] WILLIAM SHAKESPEARE: Ein Sommernachtstraum (fünfter Aufzug, erste Szene). Sämtliche Werke. Bd. I, Komödien.

tenerzähler verwendeten die Lyra ähnlich wie das Kino die Musik – um die Wirkung der Bilder auf das Gefühl zu steigern. Orpheus' Lyra bedeutet Musik, die höchste Harmonie der Welt. Sie bedeutet auch Erzählung, jene Spannung und jenen Konflikt, welche schließlich diese Harmonie ausmachen – wie HERAKLIT sagt, daß es ohne hohe und tiefe Noten keine Musik geben könne und ohne Männliches und Weibliches keine Tiere, was in beiden Fällen ein Gegensatzpaar ist.

Orpheus sang so erfolgreich, daß sich die ganze Natur um ihn versammelte, um zuzuhören. PAUSANIAS, der im dritten Jahrhundert durch Griechenland reiste, beschreibt Gruppen von Eichen, die in gewissen wilden Gegenden des Landes noch immer so zu sehen waren, wie Orpheus sie verlassen hatte. Er traf auch auf eine Gruppe von Steinbildern, die den Mythos darstellen. Die Tiere sitzen rund um Orpheus, und ihm am nächsten steht die verhüllte Gestalt des Mysteriums. Wenn die Tiere die ganze Natur verkörpern, dann ist das verhüllte Mysterium jenes Dunkel, aus welchem sie kommen. Orpheus steht auf gutem Fuße mit der Dunkelheit. Aber als er versuchte zu heiraten, schlug das Unglück zu. Am Hochzeitstag wurde die Braut, Eurydike, von Aristäus, einem wilden Hirten, verfolgt, der sie vergewaltigen wollte. Sie floh, stolperte über eine Schlange, wurde gebissen und verschwand in der Unterwelt.

Orpheus trauerte um sie, folgte ihr dann aber in die Tiefe. Seine Musik war so wirkungsvoll, daß ihn Charon, der Fährmann, über den Styx ruderte; Cerberus, der vielköpfige Hund, ließ ihn passieren; die Qualen der Verdammten wurden aufgehoben, solange die Musik dauerte, und sogar die gefürchteten Monarchen Hades und Persephone konnten seinem Flehen nicht widerstehen und willigten ein, Eurydike ziehen zu lassen. Da war aber eine Bedingung, nämlich daß Orpheus nicht zurückblicken dürfe, bis er die obere Luft erreicht hätte. Sie traten den Rückweg an, folgten dem langen Pfad hinauf ans Licht, aber gerade als sie dort ankamen, warf er noch einen Blick zurück. Sie war noch im Schatten und verwandelte sich in ihre Unterweltsform, eine Geisterscheinung, so daß er, seine Arme nach ihr ausstreckend, um sie zu fassen, nur Luft hielt. Danach gab es keine Rückkehr in die Tiefe mehr. Er verzichtete auf alle Frauen, und schließlich waren es Frauen, die sich über ihn hermachten und ihn in Stücke rissen.

Volksgeschichten sind lineare Erzählungen, aber sie sind auch Anordnungen von Bildern wie Juwelen in einem Halsband oder in einer Brosche. Die Geschichten ereignen sich linear in der Zeit, aber auch als

Ganzes in einem einzigen Moment. Die Psyche ist beides, außerhalb und innerhalb der Zeit. Vier große Bilder hängen wie Lampen im Mythos von Orpheus. Das erste ist ein singender Dichter, um welchen sich die ganze Natur versammelt, um zuzuhören. Seine Lieder sind die Geschichten von Liebe und Geburt, und die ganze Natur ist davon gefangen, weil die Rede von ihrem eigenen Sinn ist. Das letzte Bild des Mythos zeigt den Dichter, der von den Mänaden in Stücke gerissen wird. Die beiden inneren sind Orpheus, der mit seinem Lied die Qualen der Verdammten aufhebt, der sich aber dann am Ausgang der Unterwelt umwendet und Eurydike zum zweitenmal verliert.

In jeder Bewegung, die aus dem Unbewußten herausführt, gibt es einen gewissen Punkt, an welchem die Augen auf die Außenwelt gerichtet sein müssen – denn die Macht des Innern ist zu groß und kann uns zurückziehen. Wenn Orpheus seine Geliebte zum zweitenmal verlor, weil er dieser Aufgabe nicht gewachsen war, so ist es wahrscheinlich, daß er sie auch das erstemal aus demselben Grund verlor. Die Ehe ist ein Versuch, in die Außenwelt zu gelangen, sich zu inkarnieren, sich einer Grenze einzufügen, hier statt dort zu sein, mit dieser, nicht mit jener Person, der einen, nicht der anderen Aufgabe gewidmet, an diesem Ort, nicht an jenem andern. Dies ist die Wirklichkeit, auf welche die Augen jedes Bräutigams gerichtet sein müssen. Orpheus, wie mancher Bräutigam, ist damit nicht zurechtgekommen. Aber es gibt noch ein fünftes Bild, ein Anhängsel; es zeigt seinen Kopf, der auf dem Fluß Hebron zum Meer getragen wird, noch immer singend. Also wurde das Lied nie zerstört. Das Lied ist unzerstörbar.

Im ersten Bild sind Orpheus' Lieder die Mythen der Welt, und die Natur kommt zu ihm, als ob er sie gerufen hätte. Wie Hiawatha kennt er die Namen der Pflanzen und der Tiere, die sich zu ihm gesellen; er kennt jenen einzigartigen Widerhall, mit welchem ihm alle zurufen: «Das bin ich und niemand anders, das ist meine Geschichte.» Der orphische Mythos war im Volk bekannt, besonders im späteren Reich, als er ein Gegengewicht zu jenem plumpen Kult der Macht war, auf den sich das Reich gründete. An Wänden und auf Mosaikfußböden, von Sizilien bis Gloucestershire, ist Orpheus noch heute gegenwärtig; er sitzt im Zentrum, umgeben von Löwen, Tigern, Elefanten, Krokodilen, Hirschen, Straußen, Pfauen und so weiter – und auch die Bäume und Pflanzen fehlen nicht.

Die Rechtfertigung jedes Reiches liegt darin, daß die Natur angeblich rein, sinnloses Chaos ist, bis der Mensch in ihr auftaucht und seine

Ordnung schafft. Und mit «Mensch» ist Mann gemeint; Mann, nicht Frau; Mann, nicht Natur; Mann im Gegensatz zur Natur – der Ingenieur, der Soldat, der Kolonialherr, der Mann, der die Funktionsweise von Ursache und Wirkung in der unbelebten Natur studiert und dazu verwendet, seinen Willen durchzusetzen.

Orpheus verfügt über eine andere Art der Macht, eine anordnende Energie, wie sie das organische Leben auszeichnet. Es ist die Energie, welche den Blutkreislauf im Gang hält, welche die Lungen auf die Luft, das Auge auf die Natur des Lichts abstimmt, die das Insekt zur Blüte, den Stier zur Kuh, den Mann zur Frau bringt. Es sind dies zwei gegensätzliche Formen der Kausalität, und sie machen in der Tat die Welt aus.

So ist es natürlich, daß OVID an dieser Stelle die Geschichte von Apollo und Cupido erzählt. Apollo hat eben die große Pythonschlange von Delphi überwunden. Es war der erste Fall von erfolgreicher Ingenieurkunst, das Nutzbarmachen von Ursache und Wirkung zugunsten des eigenen Willens; denn wenn man einen Bogen in der richtigen Art anfertigt und damit gerade schießt, wird dies einen Python töten. Es war auch das erste Beispiel erfolgreicher Kolonisierung: Apollo übernahm das Heiligtum und machte es zu seinem eigenen. Cupidos Macht ist jene, die ursprünglich in diesem Heiligtum wohnte. Auch er besitzt Pfeil und Bogen, aber Apollo hält diese für den seinen weit unterlegen. Deshalb erteilt ihm Cupido eine Lehre, und er tut es in der schmerzhaftesten aller möglichen Weisen, indem er Apollo in eine Frau sich verlieben läßt, die ihn nicht liebt. Cupido hat, so sagt OVID, zwei Pfeile; der erste zwingt einen zu lieben, der zweite zu hassen. (SHAKESPEARE spielt im ‹Sommernachtstraum› dasselbe Spiel.) Er schießt den ersten auf Apollo, den zweiten auf Daphne; sie flieht vor ihm durch den Wald und entkommt ihm schließlich dadurch, daß sie sich in einen Baum verwandelt. Vor dessen undurchdringlicher Unberührbarkeit muß der Gott seine totale Niederlage anerkennen.

Alle Unterthemen des Mythos von Orpheus erzählen von dieser Macht, von der unbewußten Organisation des Organismus, die doch in ihrem Innersten etwas Bewußtes birgt. (Orpheus *singt* im Zentrum der Natur; er ist aktiv gegenwärtig dort.) Als Jason nach Gefährten für die Suche nach dem Goldenen Vlies Ausschau hielt, gesellte sich Orpheus zu ihm. Er ruderte nicht, er kämpfte nicht, sondern er saß im Bug und sang; und sein Gesang schützte die Argonauten vor dem Zusammenstoß mit den Felsen am Eingang des Bosporus, vor der nebenbuhlerischen Verzauberung der Sirenen und vor dem Drachen, der das Goldene Vlies bewachte. Der Gesang bewegte sogar das schwere Schiff hinunter ins Wasser, wenn es auf dem Sand gestrandet war. Es war die Macht des Archetypus, seine eigene Entfaltung zu schützen. Dieselbe Macht, die das Insekt zur Blüte bringt, den Stier zur Kuh und den Mann zur Frau, bringt das Schiff, die Argo, zum Meer. Der Mythos von Orpheus ist der Mythos des Mythos, der Liebe als Mythos und des Mythos als Liebe, in deren Kern immer ein bewußtes Element sein muß, *dasjenige, das wählt.*

Nach DIODORUS SICULUS, dem Historiker aus dem ersten Jahrhundert, benutzte Orpheus das alte Alphabet, das aus dreizehn Konsonanten bestand. Es wurde von den Priesterinnen des Mondes behütet, und es bestand aus dreizehn Zweigen, die von dreizehn Waldbäumen gebrochen waren. Jeder vertrat einen der dreizehn jährlichen Monde.[11] Unter diesem Aspekt ist Orpheus der Mythos des Sinnes, worin die *unterschiedlichen* Bäume des Urwaldes, die *unterschiedlichen* Monde des Jahreslaufes und die *unterschiedlichen* Stadien jedes Monats menschliche Worte entstehen lassen. Der Mythos hat seinen Ursprung in der matriarchalen Kultur des pelasgischen Griechenland, wo der Mond als Ursprung allen Maßes, aller Zeitrechnung, aller Entwicklungsgeheimnisse, allen Weltverständnisses, ja aller Rationalität galt. Ein sehr ähnliches Alphabet war laut ROBERT GRAVES im keltischen Raum in Gebrauch, bevor die Römer dort eindrangen.[12] Orpheus bewegt die Bäume des Waldes aus ihrer eigenen Natur heraus, wie ein Dichter Worte bewegt. Die Natur ist der Ursprung des Sinnes, und Orpheus ist der Dichter, der diesem Stimme gibt.

Seine Macht ist nicht Ursache und Wirkung, sondern Synchronizität. Cupidos Pfeile tragen Feuerspitzen. Sie verursachen große Mengen von Affekt. Eine andere Art, dies auszudrücken, ist, daß sie einen Archetyp konstellieren, ein instinkthaftes Verhaltensmuster hervorbringen – und damit jenes merkwürdige Zusammentreffen von Ereignissen, um die es wie von Sommerblitzen knistert. Als Synchronizität definiert JUNG Ereignisse, die nicht durch Ursache, sondern durch Sinn miteinander verbunden sind. Sie ereignet sich, wie er ebenfalls feststellt, unter der Bedingung von starkem Affekt. Eine Abhandlung, die den Titel

---

[11] ROBERT GRAVES: Greek Myths. Folio Society Edition, Vol. 1, 114.

[12] ROBERT VON RANKE-GRAVES: Die Weiße Göttin. Sprache des Mythos. Medusa Verlag, Berlin 1981, 10. und 11. Kapitel.

‹De mirabilibus mundi› trägt und ALBERTUS MAGNUS zugeschrieben wird, dem bedeutenden mittelalterlichen Theologen und Alchemisten, sagt etwas Ähnliches. Der Verfasser der Abhandlung nennt es Magie. «Ich fand (diesbezüglich scil. der Magie) eine einleuchtende Darlegung im sechsten Buch der Naturalia von AVICENNA, daß der menschlichen Seele eine gewisse Kraft (virtus), die Dinge zu verändern, innewohne ... und zwar dann, wenn sie in einem großen Exzeß von Liebe oder Haß oder etwas Ähnlichem hingerissen ist... Und ich habe dies lange nicht geglaubt, aber nachdem ich nigromantische Bücher und Bücher über Zauberzeichen (imaginum) und Magie gelesen habe, fand ich, daß (wirklich) die Emotionalität (affectio) der menschlichen Seele die Hauptwurzel all' dieser Dinge ist ...»[13]

In JUNGS Gebrauch der Worte *Affekt* und *Sinn* fließen diese beiden Konzepte zusammen. In einer gewissen Weise sind Affekt und Sinn dasselbe. Wir haben keine Strukturen, worin ein solcher Wortgebrauch passend wäre, aber wir wissen, daß – wenn wir in einem instinkthaften Verhaltensmuster gefangen sind – wir ein Gefühl von Sinn haben, daß die Welt sinnvoll erscheint und daß sich Synchronizitäten ereignen. In unserer Kultur fehlen jene konzeptuellen Strukturen, die AVICENNA aufbaute – und nach ihm ALBERTUS MAGNUS und die ganze Abkunftslinie bis hinunter zu JUNG und VON FRANZ. Das bedeutet, daß wir für diese Geschehnisse keine Ausdrucksform haben, so daß wir sie, wenn sie eintreffen, bald vergessen. Möglicherweise nehmen wir sie schon zu Beginn gar nicht wahr. Die Abwesenheit solcher Konzepte verdreht jedoch unser Verständnis von Politik, von Wissenschaft, Landwirtschaft und Heilungsprozessen – von allem und jedem, denn Synchronizität ereignet sich die ganze Zeit, ob wir sie wahrnehmen oder nicht.

Das Herzstück einer entsprechenden konzeptuellen Struktur müßte die *Intention* sein. Dadurch würde jene ‹elementare Wahrheit› zum Ausdruck gebracht, auf welche GOETHE deutlicher hingewiesen hat als ALBERTUS MAGNUS – daß in dem Moment, da man sich unwiderruflich für etwas entscheidet, auch das Schicksal einen Schritt tut. Dinge ereignen sich dann, die andernfalls nicht geschehen wären. Das Element der menschlichen Intention verleiht der Synchronizität ihre moralische

---

[13] MARIE-LOUISE VON FRANZ: Aurora Consurgens. Ein dem Thomas von Aquin zugeschriebenes Dokument der alchemistischen Gegensatzproblematik = CARL GUSTAV JUNG: Mysterium Coniunctionis, GW 14/III, § 89.

Dimension – ohne welche sie eine banale Erscheinung von geringer Bedeutung ist. Orpheus mobilisiert der Welt eigene archetypische Energie; aber er tut es durch seine menschliche Kraft, sich unbedingt einzubringen.

Diese Kraft wird nicht immer schöpferisch verwendet. Menschen sind ethische Geschöpfe und können sowohl schaffen wie zerstören. Wenn Lady Macbeth in ihrer schrecklichen Ekstase schreit,

Kommt zu den Weiberbrüsten,
Mischt meine Milch zu Galle, Mordmarschalle,
Wo immer ihr in unsichtbarn Substanzen
Naturunheil umdient!

so verwendet auch sie ihr inneres Wollen, um den Archetyp zu konstellieren. Es ist jener der Zerstörung. Seine berauschende Kraft steht all dem entgegen, was durch ihre Brüste, durch ihre eigene Natur als Frau zum Ausdruck gebracht ist. Sie hat eben den Brief erhalten, der ihr mitteilt, daß der König unterwegs in ihr Schloß ist. Die Möglichkeit, ihn zu töten, ergreift sie, ebenso wie die riesige Anziehung der Macht, die damit auf sie übergehen würde. Bald wird sie nicht mehr frei sein, aber jetzt kann sie noch wählen. Sie erhebt ihre Hände zum Himmel:

Kommt, Geister, die
Ihr Mordgedanken zeugt, entweibt mich hier,
Und füllt mich an von Kopf bis Fuß berstvoll
Gräßlichster Grausamkeit! Macht dick mein Blut,
Stopft Weg und Zugang dicht, wo Mitleid schleicht,
Daß keine Reueheimsuchung der Menschnatur
Mein wüstes Wolln erschüttert, sich gar stellt
Noch zwischen Plan und Tat. Kommt zu den Weiberbrüsten,
Mischt meine Milch zu Galle, Mordmarschalle,
Wo immer ihr in unsichtbarn Substanzen
Naturunheil umdient! Komm, fette Nacht,
Zieh's Leichtuch um aus Schwadendampf der Hölle,
Daß nicht mein Mordgier-Messer seh, was es
Für Wunden reißt, noch daß der Himmel durch
Des Dunkels schwere Decke späh und seh
Und ruf «Halt, halt!»[14]

---

[14] WILLIAM SHAKESPEARE im dtv-Verlag: Macbeth (erster Aufzug, fünfte Szene). Übersetzt von Frank Günther. München ⁴2002.

Sie ist jetzt in einem Zustand der Besessenheit und wird durch dieselbe Macht zerstört werden, die sie anruft. Dasselbe geschieht Soldaten im Krieg; es kann einer ganzen Gesellschaft zustoßen. Es hatte sich eben ereignet, als SHAKESPEARE schrieb, im Rosenkrieg. Es war ein unausweichliches Thema für SHAKESPEARE, denn Theater schafft Bewußtsein – oder es ist nichts.

Orpheus mobilisiert die Energien der Harmonie. Auch das kann einseitig sein. Wir sind versucht zu denken, daß er zuwenig dunkle Noten in seiner Musik hatte, so daß sie sich eigenmächtig einschlichen. Eine Überidentifikation mit Frieden und Liebe kann das Gegenteil konstellieren, den Vergewaltiger, die Schlange, Eurydikes Abstieg in die chthonische Unterwelt, in deren Sog es auch ihn hinabzieht. Als er aber jene heroische Fahrt in die Tiefe unternahm, als er sie in ihrer gespensterhaften Form erreichte und die Erlaubnis erhielt, sie zurückzuführen und ihren Körper wiederherzustellen – wollte er dies wirklich? Wir können uns vorstellen, wie er sich auf dem dunklen Pfad vorantastet und seine Musik wie ein Gewebe um sich breitet, in welchem sie nach oben zur Mündung gezogen wird. Aber was geschieht dann? Ist er in der Lage, einer wirklichen Frau gegenüberzutreten – Kinder, Hausbau, Verantwortung? Oder ist er das erste Portrait im Mythos des Puer aeternus, des ewigen Jünglings, der unverändert in jenem Geist lebt, der heute und gestern und ewig ist – und dessen innere Verpflichtung ins Wanken kommen muß, wenn es um sterbliches Fleisch geht? Sobald aber die innere Bereitschaft, sich einzubringen, unsicher wird, wird es auch die Kausalität des Archetyps, wird es auch die Synchronizität. Die Dinge wenden sich zum Schlechten.

An diesem Punkt macht sich OVID ein bißchen lustig über Orpheus. Er ist der Liebende, von Sinnen und völlig mutlos; ungekämmt und vernachlässigt sitzt er am Flußufer, rührt keine Speise an und zieht sich schließlich in die hohen Berge zurück, als ob er die größtmögliche Distanz zwischen sich und jene Unterwelt bringen wollte, deren Grausamkeit er nun fortwährend beklagt. Von diesem Punkt an, so OVID, lehnt Orpheus die Liebe von Frauen ab; an ihrer Stelle wählt er Jünglinge und genießt die kurzlebige Schönheit ihrer Jugend.

Der Kult der Jugend, der männlichen oder weiblichen, ist immer eine Flucht vor der Zeit, vor Begrenzung und Tod. Orpheus ist jetzt ein Mensch, der versagt hat, und alle Lieder, die er singt, sprechen von menschlichen Versagern, von Leuten, die mit der Liebe nicht zurechtkamen und sich auf irgendeine anspruchslosere Lebensweise beschränkten. Die Bäume versammeln sich, um ihren eigenen Geschichten zuzuhören. Da ist der Lorbeer, einstmals Daphne, die vor Apollo durch den Wald geflohen und zu diesem immergrünen Baum geworden war. Da die Purpurlilie, die Hyacinthus gewesen war; getroffen von Apollos Diskus, der wie die Sonne in hohem Bogen durch das Himmelsgewölbe flog, dann herabfiel und ihn in diese einfache Blume verwandelte. Hier ist der Myrrhenbaum, einstmals Myrrha, ein junges Mädchen, das sich in ihren Vater verliebt hatte und nun in alle Ewigkeit das süße und trauervolle Harz weint, welches die Myrrhe ist. Sie alle, und viele andere, deren Geschichten Orpheus ebenfalls besingt, sind in der einen oder anderen Weise unfähig gewesen, das Problem zu lösen, Mensch zu sein. Und Orpheus, der ihre Lieder singt, ist damit ebensowenig zurechtgekommen. Womit die Frage auftaucht, ob irgend jemand von uns je damit zurechtkommen könne. Denn Mensch sein heißt, um die Einheit von Psyche und Materie zu wissen, worin das Materielle durch und durch sinnvoll ist, weil es ganz von der Psyche bewohnt wird. Es ist der Unus mundus der Alchemie – nicht zwei Welten, sondern *eine* Welt.[15] Es ist das Gold, der Lapis, der schwer zu erringende Schatz, das Wasser des Lebens. Und wie können wir das fassen?

In einem gewissen Sinne ist die Antwort sehr einfach; sie heißt: ‹sich um die physische Welt kümmern›. Aber dieses ‹sich kümmern› selber ist ein großes Geheimnis. Es geschieht in der Zeit – es gibt keinen anderen Raum dafür. Und doch entspringt es aus Quellen, die gänzlich außerhalb der Zeit liegen, aus der Energie, welche die Welt uranfänglich schuf. Um sich zu kümmern, muß ein Mann in sich selber etwas von dieser schöpferischen Urenergie haben. Eurydike bringt sie aus der Dunkelheit hervor, so daß sie nicht Mutter, sondern Braut wird. Sie verkörpert Orpheus' Anteil an der natürlichen Antriebskraft, die den sich abmühenden Vogel mit einem Schnabel voller Würmer zum Nest treibt. Es ist jener tierische Instinkt, der nach immer weiteren Würmern verlangt. «Warum ist ihm so daran gelegen?» fragen wir. Ohne ein Stück solcher Antriebskraft in uns selber bleibt es unverständlich. Orpheus hat den Kontakt damit verloren und steigt deshalb in die Tiefe, um es heraufzuholen. «Einverstanden!» sagt Hades, «du kannst es haben. Aber sieh dich nicht um, sonst könnte es wieder zurückgesogen werden.» An diesem Punkt muß das Herz ganz auf die Außenwelt gerichtet sein, *um seiner selbst willen*. Dazu war Orpheus nicht fähig.

---

[15] JUNG: Mysterium Coniunctionis. Untersuchung über die Trennung und Zusammensetzung der seelischen Gegensätze in der Alchemie. Unter Mitarbeit von MARIE-LOUISE VON FRANZ. GW 14/II, Kap. VI, 9: Die dritte Stufe der Konjunktion: der Unus mundus.

OVID beschreibt die Hochzeit, bei welcher sich Hymen durch den Himmelsraum schwingt, die Vorzeichen aber bereits ungünstig stehen. Der Hochzeitsgott erreicht zwar sein Ziel, aber sein Ausdruck ist düster, er kann das Hochzeitslied nicht singen, und seine Fackel sprüht Funken, raucht, treibt die Tränen in die Augen, will nicht richtig brennen. Irgend etwas in der inneren Struktur dieser Hochzeit fehlt, und es kann nur die innere Verpflichtung gegenüber der Zeit und der Sterblichkeit sein, die nötig ist, damit sich Psychisches verwandeln kann. Das Ende der Geschichte folgt zwangsläufig.

Orpheus singt vor den Pflanzen und Bäumen eben von diesem Problem, als ihn die Frauen erspähen. Eine schreit laut: «Schaut, da ist der Mann, der uns verachtet!» Sie schleudert ihren Speer, aber obwohl er den Poeten trifft, verwundet er ihn nicht. Eine andere hebt einen Stein auf und schleudert ihn; die Musik jedoch begegnet diesem mitten in der Luft, so daß er harmlos zu des Sängers Füßen fällt, als wollte er – so OVID – sich für seine Anmaßung entschuldigen. Schließlich aber ertrinkt die Musik in der Kakophonie von Schreien, phrygischen Flöten, Tamburinen, bacchischem Geheul und dem Dröhnen der Fäuste auf Brüsten – und die Waffen beginnen zu wirken. Und wie er fällt, ergreifen ihn die Frauen, reißen seinen Körper in Stücke. Orpheus' Geist kehrt in die Tiefen zurück, und seine Glieder werden über die Oberfläche der Welt zerstreut. Der Kopf aber schwimmt flußabwärts und singt weiter.

Die Natur trauert. Die Bäume werfen ihre Blätter ab, die Steine weinen, die Flüsse schwellen an von den Tränen, die Dryaden reißen ihr eigenes Haar aus. Warum all diese Trauer für etwas, was doch ein natürliches Ereignis ist? Wahrscheinlich ist etwas, was dieser große Mensch für die Natur hätte tun können, ungetan geblieben. Die Verbindung von Psyche und Materie hätte gelingen können und ist dann doch nicht gelungen. So sehnt sich die Welt noch immer nach diesem großen Ereignis. Wie VERGIL von Aeneas sagt – in einem Abschnitt, den JUNG schätzte –, es sei leicht, in die Unterwelt hinabzusteigen; das Schwierige sei zurückzukommen:

Facilis descensus Averni;
noctes atque dies patet atri ianua Ditis –:
sed revocare gradum superasque evadere ad auras
hoc opus, hic labor est.

Leicht und mühlos ist's, zu steigen
abwärts in der Hölle Tiefen,

Denn die finstre Grabespforte
stehet offen Tag und Nächte;
Doch die Wiederkehr nach oben,
an des Himmels lichte Lüfte
Führt auf leidensschwerer Bahn.
(Aeneis VI, 126–129)[16]

Mit anderen Worten: Man muß das ans Licht bringen, um dessentwillen man in die Tiefe gestiegen ist, oder es ist sinnlos hinabzusteigen. Denn das, was man gesucht hat, ist immer eine Art Antwort, und es hat immer etwas mit der großen Frage nach dem Wert zu tun – mit der Frage, ob diese ganze Welt das Leben wert ist. Die Frage selber entsteht aus dem Kontaktverlust mit den kreativen Energien, welche die Welt uranfänglich gemacht haben. Es ist das, was Liebende bei einander suchen, eine Rückkehr zur lallenden Welt der Mutter, als alles in einem Wunder aufgehoben war. Denn Materie war ganz gefüllt mit Seelischem, und niemand fragte, niemand hätte fragen können, ob sich das alles lohne.

Aber dann verblaßt diese Welt. Wir kommen aus ihr heraus, und in sie zurückzukehren ist das Ringen. Es ist einfach, sie auf einen Helden zu projizieren und zu hoffen, daß er uns nach dem Tod mit sich dorthin mitnimmt. Der orphische Mythos ließ eine Religion entstehen, die Orphismus genannt wurde, so wie aus dem christlichen Mythos das Christentum entstand. Der Orphismus behauptete, aus den Geheimnissen hervorgegangen zu sein, die Orpheus in der Unterwelt kennengelernt hatte. Er war matriarchal, im Gegensatz zu den patriarchalen Kulten, die ihn umgaben. Er war vegetarisch, im Gegensatz zu diesen anderen Kulten, die ihn umgaben. Sein Schöpfungsmythos war die Welt als riesiges Ei, gelegt von einer schwarzgekleideten Frauenfigur, der unerschaffenen Dunkelheit. Er wurzelte in der schamanischen Welt der Jäger und Sammler, in welcher es wichtig war, gute Beziehungen zur Natur zu unterhalten und nicht zu versuchen, sie zu erobern. Die Anhänger des Orphismus trugen weiße Kleider und reisten mit einer Erlösungsbotschaft herum, ähnlich den Zeugen Jehovas von heute. Sie verfügten über manche guten Eigenschaften, aber sie lieferten sich allzuleicht dem Gelächter des ARISTOPHANES aus, denn sie waren Fun-

---

16 VERGIL (PUBLIUS VERGILIUS MARO): Aeneis Buch VI. Erklärt von EDUARD NORDEN, Leipzig-Berlin ²1916. – Vgl. CARL GUSTAV JUNG: Psychologie und Alchemie. GW 12, Motto zu Kap. II: Traumsymbole des Individuationsprozesses.

damentalisten. Das bedeutet immer, ein bißchen verrückt zu sein, denn im Fundamentalismus kann nichts je symbolisch verstanden werden.

Für den Fundamentalisten sind die Mythen auf Steintafeln eingraviert; er lebt in einer einfachen Welt. Recht ist recht und Unrecht unrecht, und die Ambivalenz der Psyche ist Beweis dafür, daß sie ihrem Wesen nach zum Teufel gehört. Es ist aber nur in der Materie so, daß sich Gegensätze ausschließen, somit ist eine fundamentalistische Religion in diesem Sinne immer eine Inflation des materiellen Denkens. Der alltägliche Kontakt mit der Seele ist abgeschnitten wie etwas Böses; es gibt keine Rückkehr dorthin, außer im Tod. Es gibt einen tiefen Todeswunsch in der fundamentalistischen Kultur, der sich in deren schreckliche Verbrechen verkehrt. Hätte Orpheus Eurydike zurückgebracht, wären die soliden, einzelnen Objekte der materiellen Welt von der riesigen Energie der verborgenen Welt erleuchtet worden. Die Welt hätte sich selber genügen können, und es gäbe keine Notwendigkeit, die Suche jenseits ihrer Grenzen fortzusetzen. Das Jenseits hätte hier Eingang gefunden. Solange Eurydike in der Tiefe verweilt, besteht der unaufhörliche Drang, sich mit ihr zu vereinen. Der Zugriff auf die äußere Welt schwächt sich ab. Der flüssige Aspekt der Psyche steigt in dieses Vakuum hinauf, und die äußere Persönlichkeit fällt auseinander. In der modernen Ausdruckswiese bedeutet dies die Psychose.

In einer schamanischen Kultur wäre dies kein endgültiges Unheil. Die Zerstückelung ist Teil des Werdens eines Schamanen. Wer in eine solche Psychose eintauchen und wieder daraus auftauchen kann, wer die Stücke halten und sie wieder zusammensetzen kann, der ist ein Meister des Übergangs, ein Schamane. In einer solchen Kultur ist, wie wir in Afrika sehen, die Psychose eine viel normalere Erfahrung als in unserer westlichen Welt. Sie ist deshalb viel weniger alarmierend, und die Rückkehr ist weit einfacher. Immer aber bleibt die Frage, was von dem großen Schatz zurückgebracht werden kann, der von Cerberus und den Schrecken der Finsternis bewacht wird, denn wir können es nicht in Worten ausdrücken, sondern nur mit Gefühlen, Bildern – mit der wechselhaften, flüchtigen Fassungskraft des Symbols.

III Ovids Unterwelt

Als Orpheus hinabstieg, um Eurydike zu holen, nahm er sein Lied mit sich. Und es wird uns erzählt, daß während seiner Reise durch die Unterwelt die blutlosen Geister Tränen vergossen, Tantalus sich keine

Mühe mehr gab, die Wasser zu erreichen, die stets vor ihm zurückwichen, Ixions Rad zum Stillstand kam, die Geier aufhörten, Tityos' Leber zu benagen, die Töchter des Danaus ihre Krüge niedersetzten und Sisyphus untätig auf seinem Felsblock saß.

Wer sind alle diese Leute? Sie stammen aus einer sehr frühen Periode griechischer Mythologie, als sich der Mensch eben erst von der Natur zu unterscheiden begann. Den Mythen jener Zeit eignet etwas von einem warnenden Vorzeichen hinsichtlich einer riesigen Aufgabe, welche die Menschheit erwartet – der Aufgabe, die Helligkeit des Bewußtseins zu ertragen und hierfür den Preis zu bezahlen, der in qualvoller Einsamkeit besteht. Die grundlegende Dynamik des Bewußtseins besteht darin, daß man etwas nicht sehen kann, es sei denn, man verlasse es. Im hebräischen Mythos ist das Symbol hiefür das Verlassen des Gartens. Die einzige Möglichkeit, sich des Gartens bewußt zu werden, ist die, ihn zu verlassen. Im griechischen Mythos gibt es verschiedene entsprechende Bilder. Eines davon erzählt von einer hübschen, dicken Tierhaut, die einem über den Kopf gezogen wird, wie bei der Schindung des Marsyas, jenem grausamen und geheimnisvollen Motiv, das es Tizian so angetan hatte. Ein anderes spricht vom freundschaftlichen Zusammenleben mit den Göttern, von der Tischgemeinschaft mit ihnen, und dann von irgendeiner Tat, die mit der Vertreibung bestraft wird. Dies ist bei Tantalus, Sisyphus und Ixion der Fall. Sie speisen mit den Göttern, und jeder von ihnen läßt sich etwas zuschulden kommen, wie den Diebstahl eines Apfels oder des Feuers. Tantalus stiehlt den Nektar, Sisyphus und Ixion versuchen, sich mit einer Göttin zu vereinigen. Die Ähnlichkeit ist auffallend. Beide Fälle handeln vom Raub der Frucht, und immer geht es um das «felix peccatum», die notwendige Sünde, die darin besteht, daß die menschliche Vorstellungskraft die Fesseln der Natur sprengt und darüber hinausgreift. Das ist immer ein Ärgernis, ein Bruch geheiligter Bindungen, und immer notwendig. Jede dieser Figuren hat etwas von der Würde Prometheus', der wegen eines Akts der Bewußtwerdung an einen Berg gekettet war und dessen Leber täglich von Adlern verschlungen wurde. Jede wird auf eine Folterbank der Sehnsucht nach jener Ganzheit gespannt, die sie verlassen hat und verlassen mußte.

Der erste, den wir trafen, ist Tantalus, dessen Name seither mit den ihm auferlegten Qualen verknüpft ist. Was er nicht erreichen kann, erfährt er in höchster Deutlichkeit, aber auf jener anderen Ebene, eben jener des Bewußtseins. Tantalus steht bis zum Hals im Wasser und kann nicht trinken. Um seinen Kopf hängen Zweige, schwer mit Früchten beladen, die er nicht essen kann. Da ertönt Orpheus' Lied und mildert seine Pein. Es muß also eine Form jener Süße sein, die ihm verwehrt ist und die durch ihre Unerreichbarkeit in eine andere Dimension gezwungen wird. Es muß der Liebe von Syrinx ähnlich sein, welche dem Satyr unerreichbar ist, da sie in ein Schilfdickicht entschlüpft ist; daraus aber macht er Musik, indem er aus dem Schild die Panflöten herstellt. Das Lied des Orpheus ist der *Sinn* der Frucht, in welcher Sinn und Affekt ineinanderfließen. Bevor es zu Tantalus kommt, ist dieser bis zum Zerreißpunkt angespannt, ohne jedoch zerreißen zu können. Er kann weder von der Frucht kosten noch sterben, was einer Wiederverschmelzung mit jener Einheit entspräche, aus welcher er stammt. Er sehnt sich danach wie nach einer Heimkehr. Aber wer kennt besser als er das Wunder, daß es Wasser, daß es Früchte gibt – daß die Welt existiert?

Worin bestand seine Sünde? Er stammt aus der Zeit, als Prometheus seinen Diebstahl noch nicht begangen hatte, die Frucht aus dem Garten noch nicht gegessen war, Adam und Eva ihre lange Reise in die Wüste noch nicht angetreten hatten, das Androgyne noch nicht gespalten war. Tantalus hatte eine so enge Beziehung zu den Göttern, daß sie je in des anderen Hause aßen.

Eine Version der Sünde besagt, daß er den Göttern Stücke seines Sohnes Pelops zu essen gab. In einer anderen stahl er ihren Nektar und gab ihn an Menschen weiter. Unterschiedliche Versionen eines Mythos zeigen gewöhnlich unterschiedliche Aspekte des Archetyps in seinem Zentrum, und so ist es auch hier. Als Tantalus den Göttern Pelops verfütterte, lehnten die meisten ab; aber Ceres-Demeter aß ein kleines Stück von der Schulter. Warum sie und sonst niemand?

Wörtlich genommen ist es eine abscheuliche Sache, seinen Gästen den eigenen Sohn aufzutischen. Als Symbol aber ist es, wie wenn ein Christ Gottes Leib ißt, nur liegt die Sache umgekehrt. Wenn Christen das Fleisch Gottes essen, gewinnen sie ein wenig Anteil am Göttlichen. Wenn eingeborene Australier das Fleisch der heiligen Schlange essen, werden sie ein bißchen göttlich. Wenn die Götter jemanden von uns essen, werden sie ein bißchen menschlich.

Jetzt können wir sehen, warum es Demeter-Ceres war, die ein kleines Stück des Körpers verspeiste. Sie war tief in ein sehr menschliches Leid versunken, in den Verlust ihrer Tochter Persephone. Götter können nicht leiden. Nur Fleisch und Blut leidet. Sie hatte bereits ein kleines Stück menschlichen Leidens angenommen und daraus einen Teil ihrer selbst gemacht. Religion hat viel damit zu tun, daß wir Teile von uns selber den Göttern darbringen. Denken wir an die Menschen am Mount Elgon, von denen JUNG berichtet, daß sie bei Sonnenaufgang in ihre Hände spucken und der Sonne damit ein Opfer bringen. Sie wissen nicht, warum sie das tun. Es wird einfach immer so gemacht.[17] In diesem Ritual wird das, was menschlich ist, den Göttern zurückgegeben, so als ob es jene kleinen Funken erlittener Bewußtheit wären, die wir ihnen schuldeten. Tantalus hat versucht, sie dazu zu verführen, selber ein bißchen menschlich zu werden, selber auf die Folterbank gespannt zu sein. Wenn wir seine Strafe so lesen, dann enthält sie eine gewisse Logik. Er erleidet jenen Zustand, den er ihnen als Falle zu stellen versucht hatte. In einer tieferen Schicht erleiden sie es *in ihm*. Das käme dem Kern des christlichen Mythos nahe. ‹Der Vater› steht jenseits allen Leidens, aber er leidet *in Jesus*. Im Verlust ihrer Tochter leidet Demeter selber; sie selber geht *(in ihrer Tochter)* ins Reich des Todes. Im Verlust von Adonis leidet Venus-Aphrodite selber und geht *(in Adonis)* ins Reich des Todes. Das Verspeisen von Pelops ist ein Symbol für die Bewußtwerdung der Götter. Immer ist es die Liebe, die sie auf den Boden bringt. Es ist, als gäbe es in der Natur eine Verschwörung, sie in empfindungsfähiges Fleisch zu bannen. Fleisch zu sein heißt faßbar zu sein, unterworfen der Zeit, dem Raum und der Sterblichkeit. Davon sind Götter unberührt. Sie kennen weder die Freude darüber, daß die Welt existiert, noch die Verzweiflung, daß alles in ihr unaufhaltsam vorübergeht, auf ewig verloren ist. Und diese Götter, wie die meisten von uns, wollen das nicht.

Die andere Version darüber, was schiefgelaufen ist, erzählt, daß Tantalus den Nektar stahl, von dem er an dem Tisch der Götter gegessen hatte, und daß er diesen den Menschen gab. Was verbirgt sich hinter dem rätselhaften Bild des Nektars? Es muß die Süße der Tatsache sein, daß die Welt existiert, daß überhaupt etwas existiert; sie ist an die Götter verschwendet, denn sie kann ihnen niemals verlorengehen. Der Apfel im Mythos von Eden würde dann als das grundsätzlich gleiche Symbol an seinen richtigen Platz gerückt. Es ist nämlich kein Geheimnis so süß wie dasjenige einer Frucht. In der Genesis ist diese Süße die Erkenntnis von Gut und Böse, das ethische Element im Bewußtsein. Merkwürdig, daß es diese eine Sache sein soll, die dem Menschen verboten ist, es sei denn, wir erkennen sie als eines jener frühen Verge-

---

[17] JUNG: Erinnerungen, Träume, Gedanken, 270.

hen, in welchen das Bewußtsein selber die Sünde ist. Verlust und Erneuerung, das Auftauchen des Seienden aus dem Nichtseienden und dessen Rückkehr zum Ursprung – all dies geschieht in der Zeit. Davon können die Götter nichts wissen. Im christlichen Mythos wird Gott Leib. In diesem Mythos versucht Tantalus, die Götter zu Fleisch zu machen. Sie denken nicht daran, sich darauf einzulassen. Nur Demeter, die Mutter, die ein kleines bißchen menschlich geworden ist, kaut geistesabwesend an einem Schulterblatt.

Es ist nicht so, daß Prometheus, Tantalus und die andern dafür bestraft werden, was sie tun. Das kommt später, wie die Vorstellung von Ungehorsam als dem größten Verbrechen. Es ist ein Teil des Patriarchats, unter dessen Einfluß die klassische Unterwelt langsam in eine Strafkolonie für Ungehorsame verwandelt wird. Das Urteil der Natur wirft einen Menschen einfach auf sich selber zurück. Und das geschieht paradoxerweise mit dem Apfel. Kein Tier leidet an seiner eigenen Natur. Was der menschliche Mörder fürchtet, ist sein Bewußtsein. «Schlüg' man das andre Leben in den Wind», sagt Macbeth, «so trifft uns die Strafe in so Fälln doch schon hier.» Mit dem «andren Leben» muß das seichte Schreckgespenst der Rache eines Gottes gemeint sein. Die «Strafe hier» dagegen «reicht parteilos unsern eignen Lippen Trank vom eignen Giftkelch.»[18] Das ist nichts weniger als Bewußtsein. Darin sind Mörder dasselbe wie ihre Opfer. In allen diesen Bewohnern der Unterwelt erweist sich die Strafe als nichts anderes als die Beschaffenheit ihrer vorangegangenen Tat. Sie auferlegen sie sich selber. Prometheus kettet sich selber an den Berg, läßt seine Leber von Adlern zerfleischen. Er macht sich damit zum Opfer für die Götter, das diese mit ihren großen, gekrümmten Schnäbeln, die so grausam und doch so heilig sind, annehmen. In Prometheus kehrt das menschliche Bewußtsein in den großen Schlund zurück, so wie die Spucke auf den Händen der Elgonys, die der Sonne entgegengestreckt werden. Vielleicht vermögen solch kleine Tropfen von Bewußtheit den großen Schlund ein wenig zu verändern. Es ist, wie wenn Jesus dem Vater als Speise angeboten wird, weil es der Vater so will – aus Gründen, die im Rahmen des patriarchalen Mythos überhaupt keinen Sinn machen. Der Nektar, der die tägliche Speise der Götter ist, wird von Menschen geschätzt. Das ist Bewußtsein. Alle Figuren in diesen frühen Mythen haben in der einen oder anderen Weise ein Stück davon gestohlen. Wenn sie es verlieren, wird es in eine Dimension gezwungen, deren nur der Mensch

---

[18] SHAKESPEARE im dtv-Verlag: Macbeth (erster Aufzug, siebente Szene).

fähig ist. Es wird dann zu jenem Bewußtsein und zu jener Liebe, welche sich in der Kluft (zwischen Göttern und Menschen) bilden.

Die anderen Gestalten, die leiden, sind Abwandlungen des Tantalus-Themas. Tityus ist ein Riese, der auf vier Hektaren Land festgebunden ist, ein Mahl für dieselben Vögel, die auch Prometheus angreifen. Lassen wir sie ihn verspeisen und dadurch ein bißchen menschlich werden. Seine Sünde war der Versuch, Leto zu vergewaltigen. Sexueller Genuß ist im Tiefsten Nektar; er ist dem Geheimnis des Seins nahe. Selbst die Drehung eines Arms oder eine Brust sind durchtränkt davon, so mächtig ist der von ihm verströmte Wohlgeruch. Leto ist die Geliebte von Zeus, die Mutter von Apollo und Artemis. Die Zwillinge bespicken seinen Körper mit Pfeilen, jeder einzelne ein Echo auf jene Pfeile der Lust, die ihn schon durchbohrt haben. Jetzt liegt er ausgestreckt auf der Erde in einem Zustand ewigen Mißlingens. In Volksmärchen sind Riesen Symbole für jene mächtigen, schwerfälligen und kindlichen Leidenschaften, die in uns allen vorhanden sind und die Macht von Vulkanen oder Erdbeben haben. Im Bild von Tityus klingt jenes von Christus an, der ans Kreuz genagelt wird, jenes von Wotan, der auf den Weltbaum gestreckt ist – aber auch jenes von Caliban in SHAKESPEARES ‹Sturm›. Dumm und blöd lüstet er nach Miranda und wird dafür mit dem Fluch des Vaters bestraft.[19] Denn was kann rohe Materie anderes tun, als ihre Lust auf die zarten und doch so mächtigen Formen der Seele zu richten? Und wie anders kann sie sie besitzen als in ihrem ureigensten Bereich, welcher die Vorstellungskraft ist? Gewinnt Tantalus dort die Frucht? Es gibt schließlich keinen anderen Weg.

Das Thema der Vorstellungskraft wird immer ausgeprägter, je weiter wir diesen Figuren folgen. Ixion wird auf ein feuriges Rad gebunden, welches sich für alle Zeiten durch den Raum dreht. Auch er aß an Zeus' Tisch. Noch vermessener als Tityus versuchte er, mit Hera selber das Lager zu teilen. So wie Zeus der große Vater ist, so ist Hera die Mutter. So wie Zeus sich Jungfrauen nähert und sie schwängert, so versucht nun Ixion etwas Ähnliches mit der Mutter. Und es ist diese eingebildete Vereinigung, die in diesem Mythos zur Geburt der sexuellen Phantasie führt. Denn Zeus formt eine Wolke nach Heras Gestalt, die Ixion umarmen darf. Aus dieser Verbindung entsteht Centurus und das ganze Geschlecht der Zentauren. Zentauren sind feurige geschlechtliche Geschöpfe – ein angemessenes Symbol für jene Phantasie, die in

---

[19] SHAKESPEARE: Der Sturm. Sämtliche Werke. Bd. I, Komödien.

unserer Einbildungskraft schlummert, glüht und zum Leben aufflackert, weit über die Notwendigkeit der Fortpflanzung hinaus. Sie scheint die gegenwärtige Form der ursprünglichen Energie zu sein, welche die Welt schuf. Immer wieder wird Zentaur durch die völlige Unerreichbarkeit dessen verwundet, wonach er lüstet; und immer erweisen sich diese Wunden als unheilbar. Er verkörpert jene schöpferische Phantasie, die in unseren Adern blüht und schwärt. Zu seinen Nachkommen gehört Chiron mit seiner unheilbaren Wunde, der Asklepios alles lehrte, was er vom Heilen wußte. Solcher Art ist die Abstammung der Heilkunst.

Sisyphus, der den Stein bergaufwärts rollt, aber innehält, wenn die Musik vorbeizieht, stammt aus derselben Frühzeit, als Götter und Menschen nicht voneinander getrennt waren. Nach Hermes ist er der größte aller Gauner im griechischen Mythos. Die Geschichten, die über ihn erzählt werden, sind wie jene, die von Brer Rabbit berichten. Brer Rabbit (Bruder Kaninchen) ist die einheimische Form, welche der Hase, der große Schelmengott Afrikas, in den Sklavenkolonien der Neuen Welt angenommen hat. Laufend prellt er seinen großen Gegenspieler, den Tod, der als Bruder Fuchs oder Bruder Wolf auftritt. Einmal, als ihn Bruder Fuchs erwischt, schreit er voll scheinbaren Entsetzens: «Schinde mich lebendig, koche mich in Öl, tu mit mir, was immer du willst, aber wirf mich bitte nicht in jenes Brombeergestrüpp!» Woraufhin Bruder Fuchs ihn ins Brombeergestrüpp wirft, er sich aber unverfroren trollt und dabei verlauten läßt: «Geboren und aufgezogen im Brombeergestrüpp!»

Sisyphus' Stil ist derselbe. Als seine Zeit zum Sterben gekommen ist, bittet er Hades, ihm die Funktionsweise eines Paars Handschellen zu erklären. «Zeig mir schnell», sagt er – und Hades zeigt ihm, und Sisyphus läßt die Handschellen zuschnappen, und Hades ist gefangen. Es ist eine schreckliche Lage. Niemand in der ganzen Welt kann sterben, nicht einmal diejenigen, die in kleine Stücke zerschnitten worden sind. Schließlich wird Hades von Zeus befreit; die Ordnung wird wiederhergestellt, und für Sisyphus ist es noch immer Zeit zu sterben. Dieses Mal weist er seine Frau an, ihn nicht zu beerdigen. In der Unterwelt angekommen, erklärt er Persephone, daß er nicht bestattet worden sei und deshalb auf die Erde zurückkehren müsse, um sich um dieses wichtige Ritual zu kümmern. Aber natürlich bricht er sein Versprechen wiederzukommen und so weiter.

Die frühen Schelmenfiguren ergaunern sich ihren Weg heraus aus der großen Macht der Natur, und deshalb sind sie so wichtige Gestalten in ursprünglichen Kulturen. Sie deuten die Möglichkeit an, ein Individuum zu sein, nicht nur ein hilfloses Opfer natürlicher Kräfte. Der Trickster prägt die erste Phase der Ich-Entwicklung. Er macht es möglich, von Göttern Feuer zu stehlen, was Energie ist, oder Nektar, was Bewußtsein bedeutet. Sobald es aber darum geht, die Konsequenzen dieses Tuns zu erleiden, ist etwas Grundlegenderes, als er ist, vonnöten. Der Trickster verfügt zwar über die Erfindungsgabe der Psyche als solcher, was wir sogar in der unvorhersehbaren, schelmischen Eigenart unserer eigenen Komplexe beobachten können. Sein Problem ist jedoch, daß er nicht darüber hinauskommen kann. Dafür müßte er sich einlassen, selbst bis zum Tod. Der Stein, den er wälzt, ist ein Bild für die Sonne, die über den Himmel rollt. Die Spitze des Hügels wäre der Zenit seines Lebens, aber den erreicht er nie. Die andere Seite entspräche dem Nachmittag und dem Abend, in deren Genuß er nie gelangt. Er ist der Ewige Jüngling, der unfähig ist, die grenzenlose Beweglichkeit der Psyche zu opfern; somit kann er nie Fleisch werden und nie Erfüllung finden.

Schließlich kommen wir zu den Töchtern des Danaeus. Ewig tragen sie ihre Krüge zum Brunnen, und ewig rinnt das Wasser durch deren Sprünge, so daß sie wieder umkehren müssen. Danaeus hatte sechs Töchter. Auf sein Geheiß heirateten sie die sechs Söhne eines rivalisierenden Häuptlings, der auf diese Weise Frieden mit ihm zu schließen hoffte. Bei ihrem Gang zur Hochzeit aber verbargen die Mädchen lange Eisenspitzen in ihren Haaren und töteten damit in der Hochzeitsnacht die Männer bis auf den letzten. Das ist eines jener Verbrechen, von welchen wir denken, daß sie auf jeden Fall Bestrafung verdienen. Nur, weshalb diese besondere Strafe – Wasser aus dem Brunnen in einem Gefäß zu tragen, das nicht in der Lage ist, das Wasser zu fassen? Wenn wir es symbolisch verstehen, ergibt sich der Sinn: Sie sind derart an ihren Vater gebunden, daß sie keine eigenen seelischen Auffassungen (Gefäße) entwickelt haben. Sie sind nicht einmal soweit gekommen wie Sisyphus, der sich seinen Fluchtweg aus der großen ursprünglichen Naturkraft hinaus ergaunert, und sie sind wie er in sinnlosen, sich immer wiederholenden Verhaltensmustern gefangen.

Jesus verwendet dasselbe Symbol, wenn er Krüge voll von Wasser in Wein verwandelt. Die Wunder sind auch Symbole, nicht Wundertätigkeit um ihrer selbst willen, sondern über sich selber hinausweisend. Die Quelle, die von innen her aufbricht, ist ein weiteres damit verbundenes Symbol. Die Frau, welcher Jesus am Brunnen begegnet, versteht nicht, was ihr geschieht, ebensowenig wie Nikodemus verstand, was es bedeutet, aus dem Wasser neu geboren zu werden. Vielleicht werden es beide später begreifen. Vielleicht sehen sie plötzlich die ganze Welt als Symbol und werden dadurch neu geboren, empfangen dadurch das Wasser aus dem Innern, und verstehen sogar die Wandlung von Wasser zu Wein – alles Symbole, um etwas von dem zu fassen, was geschieht, wenn die Seele in den Grenzen der Materie gefaßt und dadurch verwandelt wird, so daß beide bewußt werden. Hinter all dem werden mehr und immer mehr Bilder sichtbar – etwa der Tisch mancher Volksmärchen, den man mit sich trägt und der jederzeit eine neue Mahlzeit bereithält. Oder das Füllhorn im griechischen Mythos, das auf einem gewaltigen Stier oder einer Ziege gewachsen ist und nun zur unaufhörlichen Nahrungsquelle wird. Oder der Baum, der aus dem Grab von Aschenputtels Mutter wächst, der von ihrem Körper genährt wird und der alles herabwirft, was das Mädchen benötigt, selbst für seine Schönheit und für die Festgarderobe. Vor allem wohl der Gral aus dem keltischen Mythos, eine große Schale, die sich nie leert, die im christlichen Mythos zum goldenen Becher wird, welcher die Nahrung für das ewige Leben enthält. Und was ist ewiges Leben? Nicht daß es so weitergeht für immer – das wäre eine Angelegenheit des Ich. Es muß sich um jenes reine unbewußte Wesen handeln, um das Göttliche, welches im Menschen ins Bewußtsein flackert und von dort zu den Göttern zurückfließt, sie ein bißchen verändert, so wie das Meer sich durch die Wassertropfen verändert, die ihm zufließen.

OVID ist ein später Römer, und seine Unterwelt beginnt bereits, Züge der christlichen Hölle anzunehmen. Dieses Bild, welches zweitausend Jahre europäischer Geschichte verzerrte, entstand aus einer einfachen Verwechslung – jener zwischen dem ewigen und dem zeitlichen Aspekt des menschlichen Wesens. Jede ursprüngliche Kultur verfügt über Konzepte, um die beiden zu unterscheiden, aber das wird dann unmöglich, wenn die Logik zu herrschen beginnt. Es ist das Zeitliche, das die Last der Bewußtheit trägt, jenes Ich, worin das Bewußtsein in Funken zerstiebt oder zu einem Feuer angefacht wird – oder verlorengeht, verschlungen von einer unbekannten größeren Energie, ausgelöscht in einem kollektiven Wahn. Das Ich ist seinem Wesen nach zeitlich. Es kann nur deshalb bewußt sein, *weil* es zeitlich ist. Es *kann* nicht ewig sein. Gewiß können wir Augenblicken der Bewußtheit Ewigkeitswert beimessen. Sie fühlen sich so an, als existierten sie außerhalb der Zeit. Vielleicht können wir sie so verstehen, daß sie eine Noosphäre aufbauen, wie TEILHARD DE CHARDIN sagte, indem sie an einen unbekannten Ort außerhalb ihrer selbst zurückfließen und diesen ein wenig verändern.[20] Aber wir können unseren Fehlern keinen Ewigkeitswert beimessen. OVIDS Unterwelt verwandelt sich bereits in einen Ort, wo das Ego dafür bestraft wird, daß es nach Bewußtheit strebt. Aber das Patriarchat ist eine spätere Kultur als diejenige, in welcher unsere Mythen entstehen. Der Kult des Gehorsams machte die großen Verbrechen des Patriarchats möglich, die immer völkermörderisch waren, weil die Form des Patriarchats im wesentlichen den Kampf eines Stamms gegen den andern beinhaltet. «Was fühlten sie», so fragte man die Exekutoren in den Konzentrationslagern, «als sie alle diese Menschen in die Gaskammern schickten?» – «Ich fühlte nichts», gaben sie zur Antwort. Sie hatten den Befehl erhalten, diese Menschen auf diese Art umzubringen. «Ich bin halt so ausgebildet worden», fügten sie normalerweise hinzu. Sie waren von ihrem Vater aufgefressen worden, oder besser: Ihr Bewußtsein, ihr Gewissen war verschlungen worden. Sie besaßen keine psychischen Auffassungen, die sie geschützt hätten. Aber all dies widerfährt dem Ich. Nur das Selbst ist ewig, und das Selbst ist nicht bewußt.

OVIDS Unterwelt ist bedeutungslos, wenn wir sie auf Hinweise auf ein Leben nach dem Tod absuchen, aber sie spricht deutlich von den Leiden des Ich in dieser zeitlichen Welt. Da sind die, welche die großen Qualen eines allzu unbekümmerten Hineinstolperns ins Licht der Bewußtheit leiden, welche Feuer oder Nektar gestohlen oder sich unüberlegt einer Göttin oder einem Gott genähert haben. Und da sind auch die kleinen Sünder, die von Eros gequält, betrogen, verzaubert, gedemütigt werden oder sich im Sumpf verloren haben. Dann wieder andere, welche in abgespaltenen Energiemustern gefangen sind, die schmerzen, die keiner Veränderung fähig sind, sich nicht entwickeln und nirgends hingelangen. Die letzteren bilden sich vielleicht in Metaphern der Verzauberung ab, indem sie zu einem Tier oder einem Baum geworden sind. Die Gefahrenzone ist immer die Liebe. Das neurotische Muster ist immer die Wiederholung eines Versagens in der ersten großen Liebe, jener zu den Eltern. JUNG erzählt von einer sehr alten Frau in der Klinik Burghölzli zur Zeit, als er dort seine Arbeit als junger Arzt aufnahm. Sie war schon zu einer Zeit dagewesen, an welche sich niemand unter den gegenwärtigen Angestellten erinnern konnte, und sie hatte ein einziges unverständliches Symptom: Immerwährend drehte sie ihre Hände in einer bestimmten Kreisbewegung. Als sie starb, wurde ihre Geschichte aufgedeckt. Sie hatte einen Schuhmacher geliebt,

---

[20] TEILHARD DE CHARDIN: Der Mensch im Kosmos. München 1959.

war zuerst enttäuscht, dann psychotisch und schließlich in die Klinik eingewiesen worden. Menschen werden nicht psychotisch als Folge einer unglücklichen Liebesgeschichte, wenn nicht bereits früher eine große Liebe mißlungen ist. Eine solche Wunde kann dann zu groß sein, als daß das Ich sie annehmen, aushalten und mit ihr umgehen könnte. In der Grenze dessen, was eine Seele verarbeiten kann, zeigt sich immer auch ein genetisches Element. Die Handbewegungen entsprachen solchen, wie sie ihr geliebter Schuhmacher ausgeführt hatte, wobei er den Schuh zwischen seinen Knien hielt und – mit eben solchen Bewegungen – das Leder vernähte. Es war ihre Art, mit der verlorenen Liebe in Kontakt zu bleiben, sie nicht zu verlieren.[21] Das ist in jeder Beziehung ein ebenso schreckliches Bild wie irgend eines aus OVIDS Unterwelt – die Erfahrung eines Verlusts, die so tief vergraben ist, daß sie selber nichts von ihrer Gegenwart wußte, die sich aber in jenen unaufhörlichen Handbewegungen ausdrückte.

Orpheus bringt seine Musik, so sagt OVID, und die gequälten Kreisbewegungen verebben. Was ist das für eine Musik? Es muß eine Form jener Frucht sein, nach welcher sich Tantalus spannt, das Wasser, welches die Töchter des Danaeus in ihren Krügen zu behalten suchen; die verlorene Liebe der alten Frau im Burghölzli, die Umarmung, welche Tityus bei Leto, welche Ixion bei Hera ersehnt. Es ist, als ob dabei das Ganze evoziert würde, das *mysterium tremendum et fascinans*, die geheimnisvolle, packende Tatsache, daß überhaupt etwas existiert, ganz zu schweigen von dieser Welt, die – wie wir es heute mit Satellitenaugen wahrnehmen – wie ein Juwel in der Schwärze des Alls hängt, eingehüllt in ihre Schleier von Gold, Grün und Azur; als ob sie wie die Braut im Hohelied nur darauf wartete, bis wir die großen Worte des Liebenden, die großen Worte der Bewußtheit aussprechen:

Siehe, du bist schön, meine Liebe, siehe, du bist schön!

IV Myrrha und der Inzest

In diesen Vorlesungen haben wir uns mit den Tiefenstrukturen von Mythen beschäftigt, die sich unter dem Einfluß der patriarchalen Kul-

---

[21] CARL GUSTAV JUNG: Der Inhalt der Psychose. GW 3, § 358 f. – Vgl. ders.: Erinnerungen, Träume, Gedanken, 130 f.

tur Schicht um Schicht konkretisiert und damit verdunkelt haben. In ihrem Zentrum steht das Motiv des Gottes, der sich einer menschlichen Frau nähert und sie schwängert. Dies ist die Vereinigung von Psyche und Materie, und da der nahende Gott immer den einen oder anderen Aspekt des Vaters darstellt, handelt es sich auch um den heiligen Inzest. Wenn also FREUD festhielt, daß das kindliche Verlangen nach dem gegengeschlechtlichen Elternteil die zentrale Dynamik der Psyche darstellt, so hatte er damit in jeder Hinsicht recht – mit Ausnahme des rohen Konkretismus, den er als Tribut an seine eigene Kultur entrichtete.

Für FREUD bestätigte der Mythos von Ödipus seine Theorie,[22] und doch: für SOPHOKLES ging es um einen Abstieg, der weit tiefer als zum persönlichen Elternteil führte, direkt an den Herd der Schrecklichen Mütter, welche auch die Wohlwollenden genannt werden. Es ging um die Begegnung mit der grauenvollen Ambivalenz der Natur selber. Kurz gesagt, war es die männliche Version von Zeus' Werben um so viele sterbliche Mädchen und von dem grundlegend Neuen, das jedesmal daraus geboren wird. JUNG verstand den Mythos wie SOPHOKLES als die Notwendigkeit des Ichs, in jene Quelle hinabzusteigen, für welche die mächtige Anziehungskraft des anderen Geschlechts das Symbol ist. Denn jedes Geschlecht ist dem andern gegenüber so inkommensurabel, wie es das Bewußtsein gegenüber dem Unbewußten ist; das heißt, daß es nicht mit dem gleichen Maßstab gemessen werden kann wie das andere, daß es eine unterschiedliche Rationalität hervorbringt oder sich in einem anderen Rhythmus bewegt. Ödipus' Schicksal war es – um ein Symbol zu brauchen, das seiner Zeit näher ist –, eine Schamanenreise in die Unterwelt anzutreten. Das war es, worüber das Orakel ihn ins Bild setzte, und das, was dasselbe Orakel so viele Jahre zuvor seinem Vater geweissagt hatte.

Im letzten Teil von SOPHOKLES' Trilogie, ‹Ödipus in Colonus›,[23] erweist sich der Tod des alten, blinden Verbannten als ebenso strahlende Verherrlichung wie jene von Elia, der in einem feurigen Wagen emporgehoben wird (2. Kön, 2.). Es gibt sogar Parallelen zum Tod Christi. Für SOPHOKLES war dies offensichtlich der Mythos eines Lebens, das sich ganz erfüllt hatte. In JUNGs Perspektive erschien ein solcher Tod als Mythos der Individuation, ähnlich GOETHES ‹Faust›, der abschnittsweise

---

[22] SIGMUND FREUD: Die Traumdeutung. Gesammelte Werke II/III, S. Fischer Verlag, Frankfurt am Main [4]1968, 264 ff. und passim.
[23] SOPHOKLES: Ödipus auf Kolonos.

während eines langen Lebens geschrieben wurde und deutliche autobiographische Absichten verrät. FREUD vermochte darin nur eine späte Verdrehung des Mythos zu erkennen, der dadurch den narkotischen Zwecken der Religion dienstbar gemacht wurde.

Um der Frage auf den Grund zu gehen, müßten wir den wirklichen, frühen Mythos aufspüren; leider aber ist jeder Zugang dazu verstellt, da sein Ursprung viel älter ist als die Schrift und überdies die riesigen Leistungen der späteren griechischen Kultur im Wege stehen. Was sollen wir also tun? Im Lichte der Hypothese des kollektiven Unbewußten ist es sehr einfach. Wir wenden uns den Mythen des Mutterinzests in Kulturen zu, die noch immer auf mündlicher Überlieferung beruhen, und ziehen diese zum Vergleich heran. *Ein* solcher Mythos stammt aus Südamerika. Er wurde im frühen neunzehnten Jahrhundert von Missionaren dokumentiert und in LEVI-STRAUSS' Untersuchungen zum südamerikanischen Mythos aufgenommen.[24] Ein junger Mann, welcher sich den Initiationsriten unterzieht, die ihn von der Mutter lösen und ihn zu einem Teil der äußeren, männlichen Struktur des Stammes machen sollen, vergewaltigt seine Mutter. Statt aus ihr herauszukommen, geht er in die entgegengesetzte Richtung, in sie hinein. Das Inzesttabu ist das stärkste aller Tabus. Es formt den Stamm und verteidigt ihn gegen das, was aus dem Blickwinkel des Bewußtseins als Chaos der Natur erscheint. Sein Bruch führt in die andere Welt, die Welt der Vorfahren, die Welt des Wahnsinns und die Welt des Zaubers. Der Mythos fährt fort, eine lange Periode der Prüfungen zu beschreiben, die damit endet, daß der junge Mann fähig wird, sich in verschiedene Tiere zu verwandeln und all die anderen Dinge zu tun, zu welchen nur ein Schamane fähig ist. Damit wird deutlich, daß das Eingehen in die Mutter, im frühen Mythos so gut wie bei SOPHOKLES und bei JUNG[25], ein Symbol für das Eingehen ins Unbewußte selber ist.

In der Geschichte von Myrrha stoßen wir auf den Vaterinzest einer jungen Frau. Wenn wir *das* nicht wörtlich nehmen, so ist damit das Eindringen des männlichen Aspekts des Unbewußten gemeint; und wenn wir fragen, worauf das im wirklichen Leben hinweist, so könnten wir antworten, daß es der wohlbekannte Charakter einer Vaterstochter oder einer an den Vater gebundenen Tochter ist. Wie bei dem an die Mut-

---

[24] CLAUDE LEVI-STRAUSS: Das Rohe und das Gekochte. Mythologica Bd. I, Frankfurt am Main 1971.
[25] Vgl. CARL GUSTAV JUNG: Symbole der Wandlung. GW 5, passim.

ter gebundenen Sohn kann dies etwas Tragisches bedeuten. Es kann aber mehr als eine Neurose, vielmehr ein Schicksal sein. Denn die Natur ist unendlich erfinderisch und kennt einen wunderlichen und wunderbaren Weg, aus jeder möglichen psychischen Struktur etwas hervorzubringen. Der Muttersohn und die Vaterstochter tragen schließlich viel zur Bewußtwerdung einer Gemeinschaft bei, zu den Neuerungen, die das kollektive Bewußtsein wandeln. Für beide sind enge persönliche Beziehungen mit Schwierigkeiten verbunden, weil das Gegengeschlecht zu grell erscheint und sich überwältigend anfühlt. In der Vorstellungskraft aber sprüht es Funken.

Ähnlich wie Mutters Sohn sehr oft als Tatmensch auftritt oder in anderer Weise den Animus der Mutter auslebt, so – glaube ich – leben Vaterstöchter Vaters Anima aus. Sie sind mit leidenschaftlicher Emotionalität ausgestattet, welche sich eher im kollektiven als im persönlichen Bereich manifestiert, deshalb aber nichts von ihrem Wert einbüßt. Die großen weiblichen Heiligen wie THERESA VON AVILA und KATHARINA VON SIENA, die großen Reformerinnen wie FLORENCE VON NIGHTINGALE oder EMILY HOBHOUSE, jene Engländerin, die während des Burenkrieges nach Südafrika reiste und in der Gesellschaft ein Bewußtsein davon weckte, was mit den Burenfrauen und -kindern in den Lagern geschah – und viele, viele andere sind herausragende Vaterstöchter. Sie tragen Züge von Danaeus' Töchtern. Deren lange Nadeln, mit welchen sie ihre Ehemänner töten, stehen für ihr mörderisches Potential gegenüber gewöhnlichen Männern, die sich erdreisten, ihnen den Hof zu machen. Doch wie die heilige Theresa in BERNINIS berühmter Skulptur sind sie durchbohrt – nicht von Cupidos Pfeilen, sondern von der großen Lanze einer universellen Liebe.

OVID erzählt Myrrhas Mythos, als ob es nur eine erotische Geschichte wäre, aber er ist sich offensichtlich bewußt, daß er viel mehr ist, denn die größte Gestalt in der Religion des Mittelmeerraums wird daraus geboren. Es ist Adonis, der – zusammen mit Dumuzi, Tammuz, Osiris und einer langen Reihe anderer Figuren gleich ihm – der jährlich Umgebrachte, der Prototyp Christi ist. Wenn wir die Geschichte seitwärts ins Symbolische verlagern, nimmt sie ihren Platz in einer langen Tradition mystischer Literatur ein, worin die Sprache immer geschlechtlich ist und *niemals* wörtlich genommen werden darf.

Wie OVID es erzählt, will sich Myrrha nicht um all die jungen Männer kümmern, die ihr den Hof machen. Sie ist in ihren Vater verliebt. Sein Name ist Cinyras, und er ist der Enkel von Pygmalion und der von ihm gemeißelten Skulptur, welche durch Venus' Macht Fleisch wurde. Inzest ist das grundlegende Ereignis in dieser Familie – in dem Sinne, daß ein Mann seine eigene Vorstellung fruchtbar machte. Myrrha wünscht sich leidenschaftlich, ihres Vaters Samen zu empfangen. Kein anderer wird genügen. Sie begehrt auf dagegen, daß Kultur das einzige Problem sei, das verbietet, was in der Natur so harmlos ist. Das Rind kann sich durch seinen Vater besteigen lassen, Ziegen vereinigen sich mit den Weibchen, die sie gezeugt haben. «Glückliche Geschöpfe», seufzt sie, «welchen ein solches Benehmen gestattet ist.»

Die Tiere sind noch immer im Paradies. Die Reise in die Außenwelt hat für sie noch nicht stattgefunden. Das androgyne Wesen hat sich noch nicht in die Hälften gespalten, die sich schmerzlich nacheinander sehnen. Kein Inzesttabu hält sie getrennt. Das Ganze ist ungestört, wie es Mutter und Sohn, Vater und Tochter wären, wenn es keine Geburt gegeben hätte, um die Einheit aufzubrechen. Und dieser Urzustand ist es, was Myrrha will. Doch immer wieder fragt sie ihr Vater: «Welchen dieser Männer hättest du gern? Dieser besitzt dieses Land und diese Minen und diese Zahl von Schiffen. Du hast ihn gesehen. Was denkst du? Oder dieser andere? Nach welcher Art Mann hältst du Ausschau?»

«Nach einem grad wie du, Papa», antwortet sie; und er tätschelt liebevoll ihre Hand, ohne zu träumen, daß sie es ernst meint. Schließlich kommt Myrrha zum Schluß, daß sie weder ihre Leidenschaft befriedigen noch deren Qualen ertragen kann und deshalb in den Tod, in die letzte Vereinigung zurückkehren und sich seiner dort erfreuen muß. Sie klettert auf ihr Bett, bindet ihren Gürtel an die Spitze des Türpfostens und murmelt ihre Abschiedsbotschaft: «Lebe wohl, Cinyras, versteh, warum ich dies tue», denn sie will ihn wissen lassen, daß sie ihn liebt, und dies nicht in der Art, wie eine Tochter lieben sollte. Aber ihr Herumklettern wird von der treuen alten Kammerfrau gehört, die auf der Schwelle ihrer Kammer schläft und jetzt hereinstürzt und sie rettet, so daß Myrrha nur betrauern kann, daß sie zu langsam war und weiter brennen muß.

Und eine Kammerfrau weiß, jedermann weiß, daß ein solcher Vorgang in einem jungen Mädchen nur einen Grund haben kann. Es muß Liebe sein. Sie werde ihr helfen, sagt sie, in jeder heimlichen Liebesaffäre, wenn ihr Myrrha nur verraten wolle, um wen es sich handle. Ihr Vater werde nichts erfahren, beteuert sie. Schließlich verrät Myrrha das Geheimnis, und die Kammerfrau – wie erstaunt und entsetzt sie auch sein mag – ist an ihr Versprechen gebunden. Der Vater wird tatsächlich von nichts wissen, denn eine einzigartige Gelegenheit hat sich gerade in diesem Moment gezeigt, eine Synchronizität, wie sie oft eintritt, wenn Eros aktiv ist. Es ist die Macht des Archetyps, wie wir sie schon angetroffen haben, seine eigene Entfaltung zu schützen. Im Tempel der Ceres hat eben das neuntägige Fest begonnen. Die Frauen sind hingegangen, um Getreidekränze zu opfern, die ersten Feldfrüchte, und für ganze neun Tage werden die Betten ihrer Gatten leer sein. So sitzt denn Cinyras bei seinem Wein und fragt sich vielleicht, wie er die nächsten neun Tage überstehen solle. Allmählich wird er schläfrig, denn der Wein verwischt die Grenzen und die Welt der Psyche, worin alles erlaubt ist, sickert an den Rändern ein. Und die Kammerfrau erscheint und spricht zu ihm von einem erstaunlich schönen Mädchen, das sie eben getroffen habe und welches hoffnungslos in ihn verliebt sei.

«Wie alt ist sie?» fragt er. «Ungefähr im selben Alter wie Eure Myrrha», antwortet sie. «Bring sie», sagt er. In derselben Nacht also, Hand in Hand mit der alten Kammerfrau, die wir an diesem Punkt für die Natur selber halten dürfen, gleitet Myrrha durch die Schatten des Hauses. In geheimnisvoller Weise stolpert sie häufig auf ihrem Weg; sie wird erschreckt durch die schrillen Schreie von Eulen, bis sie die Türe zu ihres Vaters Gemach erreichen. Die Kammerfrau öffnet, geleitet sie dann hinüber zum Bett und übergibt sie in das dunkle Zelt mit den Worten: «Nehmt sie, sie gehört Ihnen.» Und manchmal in ihrem Liebesspiel nennt sie ihn Vater, und er nennt sie Tochter, und als sie – wie OVID sagt – mit ihres Vaters Samen gefüllt ist, verläßt sie die Kammer und trägt bereits sein Kind. Es wäre klug gewesen, an diesem Punkt von dieser Liebe abzulassen. Aber – wie es häufiger der Fall ist – Myrrha kommt wieder und wieder zurück, bis Cinyras in der letzten der neun Nächte eine Lampe anzündet. Er will diese heimliche Geliebte sehen – und da sieht er seine Tochter vor sich!

Er ist von Panik und Wut erfüllt. Wut ist ein Abwehrmittel gegen das Gefühl, und dieses hier kann er nicht fühlen. Er ergreift sein Schwert, um sie zu töten, aber sie entweicht seitwärts wie eine Fledermaus, in die Schatten, aus dem Raum hinaus, aus dem Haus hinaus, in die Wüste. Dort wandert sie herum, wie Ödipus für dasselbe Verbrechen, bis ihre Zeit gekommen ist. Dann, unfähig zu leben oder zu sterben, betet sie um einen Weg zwischen Leben und Tod; und die alte Natur, dieselbe, die sie durch die Dunkelheit zur Kammer geleitete (Kybele, die schwarze Jungfrau, Mutter aller Gottheiten) gewährt ihr den Wunsch, häuft Erde auf ihre Füße auf, so daß sie Wurzeln treiben, und Myrrha wird ein Baum – einer aber, der immer ein süß duftendes Harz, die Myrrhe, weint.

Nach ROBERT GRAVES war die Myrrhe ein berühmtes Aphrodisiakum.[26] Das legt noch einmal die Natur jener Phantasien nahe, die sich hinter jeder starken Erfahrung von sexuellem Verlangen verbergen – nicht nach dem persönliche Elternteil, sondern nach dem tiefen Ursprung der Welt selber sowie nach jenen Urenergien, die sie schufen.

Aber noch ist das Kind nicht geboren. Der Baum krümmt sich, stöhnt, schlägt mit seinen Zweigen; und Lucina, die Hebamme der Götter, erscheint und legt ihre sanfte Hand auf die Rinde. Sie spricht die Worte der Entbindung aus, so daß sich der Baum spaltet und ein Kind auf die Welt kommt. Es ist so schön, daß sich Venus selber eines Tages in es verlieben wird; die Liebesgöttin selber wird in die Materie verwickelt, wird ein bißchen menschlich werden – wird selber jene stechenden Schmerzen erleiden, die sie so bereitwillig andern zufügt. Denn Adonis wird vom wilden Eber umgebracht oder von der Erntesichel niedergemäht werden, die ihre Mondform vom Hauer des Ebers hat. Er wird wie Persephone ins Dunkel hinabsteigen und Venus, wie Ceres selber, weinend neben dem Leichnam zurücklassen. So wird sie während der Adonai dargestellt werden, jenem Fest, das überall im Mittleren Osten zur Erntezeit gefeiert wird: seinen Körper quer über ihren Schoß gelegt, was einer vorchristlichen Pietà entspricht. Denn weder MICHELANGELO noch das Christentum haben die Pietà erfunden; sie ist mindestens so alt wie das landwirtschaftliche Bewußtsein. Adonis wird mit dem Korn geboren. Er stirbt, so daß das neue Korn wachsen kann. Er ist ein Symbol für das menschliche Leben selber, steht am Drehpunkt zwischen Leben und Tod, an der vielbegangenen Kreuzung zwischen Sein und Nicht-Sein. Auch Osiris wird aus einem Baum geboren; zuerst wurde er in ihm begraben, nachdem sein Sarg aus dem Meer gegen den Baum gestoßen war, der Baum sich öffnete und den Leichnam aufnahm. Später wurde er aus dem Baum wiedergeboren wie Christus aus dem Felsen. Die Reichweite dieses Mythos ist unermeßlich. Wie Zettels Traum in ‹Ein Sommernachtstraum› ist auch Myrrhas Traum bodenlos. In der englischen Originalfassung des Stücks trägt der Weber Zettel den Namen ‹Bottom› (deutsch: Boden), sein Traum soll deshalb ‹Bottoms Traum› heißen, weil er so ‹bodenlos› ist.[27] Das bedeutet einfach, daß die Dimensionen der Seele bodenlos sind.

---

[26] GRAVES: Greek Myths. Vol. 1, 76.

[27] A Midsummernights Dream (Act IV, Scene I). The Complete Works of WILLIAM SHAKESPEARE. Oxford University Press, London 1949.

Die Geburt des Adonis aus dem Baum (16. Jh.)

Die Versionen des Mythos dehnen sich wie ein Baum aus; jede von ihnen zeigt einen anderen Aspekt des zentralen Archetyps. Wie ROBERT GRAVES erzählt, heißt sie Smyrna und verliebt sich in ihren Vater Cinyras, weil ihre Mutter von ihr behauptete, daß sie schöner als Venus sei. Ihre Strafe ist, daß solche Schönheit ihren Vater mit Sicherheit ins Bett locken wird, und so geschieht es. Sie läßt ihn sich betrinken, nimmt seinen Samen und – als er sie aus dem Haus jagt – verwandelt sich in einen Myrrhebaum. In dem Moment, als sein Schwert auf ihr Haupt niedersaust, spaltet sie sich, und dasselbe Kind taumelt heraus, Adonis. Dann übernimmt die Geschichte die alte Form von Inanna und

Ereshkigal. Venus verbirgt ihn in einer Truhe, die sie ihrer Unterweltsschwester Persephone anvertraut – worauf die beiden in Geschwisterrivalität um seinen Besitz geraten. Der Streit wird durch die Muse Kalliope beigelegt. Ihr Urteil geht dahin, daß er einen Drittel des Jahres in der oberen Welt mit Venus verbringen soll, einen Drittel in der Unterwelt mit Persephone und einen Drittel mit Kalliope selber – das heißt einen Drittel des Jahres in der Welt der Kunst. Kalliope ist die Mutter von Orpheus, so daß in diesem Mythos die obere und die untere Welt durch Musik, Geschichten, Erzählen und Mythen verbunden werden. In der Perspektive dessen, was wir über die Vorstellungskraft gesagt haben, scheint dies eine sehr passende Lösung zu sein.[28]

So viele Themen kommen in dieser Mythengruppe zusammen. Wie Ödipus und der junge Mann in der südamerikanischen Geschichte ist Myrrha schuldig, in die Welt des Tabus eingebrochen zu sein. Während Ödipus der größte Schaman wird, wird sie die Mutter von Adonis, dem Herrn, sein. Die Tropfen, die aus dem Myrrhebaum sickern, sind die pflanzliche Form aller ungestillten Liebe überall. Sie sind die unstillbare Wunde Chirons, des Heilers, und eines der drei Geschenke, das die Weisen nach Bethlehem bringen werden – gleich einem Echo jener anderen Baumgeburt, durch die ein Kind geboren wurde, das die vollkommene Vereinigung von Psyche und Materie war und deshalb ewig sterben und ewig neu geboren werden muß.

Wie Tantalus hat Myrrha ihr Fleisch einem Gott zur Speise gegeben; dasselbe tut das Mädchen, das sich Zeus hingibt. Der Gott wird in eine Inkarnation gezogen, Materie und Psyche vereinigen sich. Diese Vereinigung ist seit je eine Tatsache. Das Bewußtsein war immer eine Wunde in der Ganzheit der Natur. Das nach außen gerichtete Wachstum des Ich ist die notwendige Sünde, die im Tod geheilt wird, wenn das Ich in die mütterliche Substanz zurückfällt und alles wieder Frieden ist. Was soll das alles? Es kann nur Bewußtheit sein. Im mittelalterlichen Mythos der höfischen Liebe ist es die Liebe. Liebe entsteht in der Kluft, denn Liebende sind immer getrennt, Tristan in Cornwall, Isolde jenseits des Meeres in Britannien. Liebe springt wie ein Funken über den Abgrund. Oder die Herrin des Schlosses ist zuoberst im Turm, der minnesingende Liebhaber an dessen Fuß. Und vielleicht gibt ihr der brutale Ehemann einen Teil seines Herzens zu essen, was auch ein Teil des Mythos ist. All diese Motive bilden eine sich wandelnde, glei-

---

[28] Graves: Greek Myths. Vol. 1.

tende Masse von Symbolen, worin die Essenz des menschlichen Schicksals wie in einem Netz gefaßt ist. Es ist dem Menschen aufgetragen, der Ort zu sein, worin sich Bewußtwerdung ereignet, der Stall zu sein, worin das neue göttliche Licht geboren wird,[29] aber auch der Stall, aus welchem das Bewußtsein entweicht und der kalt und leer zurückbleibt. Denn was geschieht mit jenen Momenten der Bewußtheit, die in der Kluft, in der Wunde, in der Spaltung der Mitte, in der Entfremdung von uns selber entstanden sind? Sie werden vom Ich nicht gefaßt. Sie sind wie Funken zerstoben, wer weiß, wohin?

Myrrha ist von Begierde entflammt, brennt, wird geröstet. Adonis wird von demselben Vater geboren, der Europa als Stier und Leda als Schwan heimgesucht hat. Myrrha selber erlebt ihn als Tier, als Stier oder Bock, so gut wie als ihren Vater. Ihre leidenschaftliche Frömmigkeit ist von jener amorphen Qualität, die JUNG in der ‹Psychologie der Übertragung› als «ein wahres Magma» beschreibt, worin es oft fast unmöglich ist, zu unterscheiden, «was Geist und was Trieb ist», da es ja «aus der Urtiefe des anfänglichen Chaos» stammt.[30] Myrrha wird vom Gottesbild in der Psyche umarmt. Es geschieht durch dieses Bild, daß Adonis empfangen wird.

Dasselbe Bild – in seinem weiblichen Aspekt – umfing auch ihren Urgroßvater. Pygmalion meißelte es in Stein, weil die Frauen seiner Stadt die Göttlichkeit von Venus leugneten und deren Schönheit für Geld verkauften. Das ist es, wozu die Stadt neigt, denn sie ist ein Kunsterzeugnis und schneidet die Verbindungslinien zum Jenseits ab, so daß nichts über sich selbst hinausweist und alles gekauft oder verkauft werden kann. Deshalb ging Pygmalion tief in sich und fand eine Frau, die das vollkommene, unberührte Produkt der Natur war – eine Art unbefleckte Empfängnis. Und er meißelte sie in Marmor auf so vollkommene Art, daß es fast unmöglich war, den Unterschied zwischen ihr und einem wirklichen Produkt der Natur auszumachen. Und wie liebte er sie, wie goß er all seine Leidenschaft über sie. Da verwandelte Venus die Skulptur in Fleisch und Blut, weil er ihr so innig zugetan war; und Myrrha, drei Generationen später, kehrt ebenfalls an die Quelle zurück. Sie begehrt keine Männer mit Land und Schiffen, sie will die Tiefe der Natur – die im großen Symbol des Vaters enthalten ist. «Das Rind kann

---

[29] Vgl. CARL GUSTAV JUNG: Versuch einer psychologischen Deutung des Trinitätsdogmas. GW 11, § 267.

[30] CARL GUSTAV JUNG: Die Psychologie der Übertragung. GW 16, § 363.

sich durch seinen Vater bespringen lassen. Böcke vereinigen sich mit den Töchtern, die sie gezeugt haben.» Die Bilder der Tiere und das Bild des großen Vaters verschmelzen. Aus dieser Vereinigung wird Adonis geboren.

Der Heilige Geist sucht Maria heim, und Jesus wird geboren. Myrrha ist auf der Suche nach demselben Geist, und Adonis wird gezeugt. Um Adonis wird Venus selber weinen, wird auf die Erde kommen und mindestens teilweise menschlich werden, wie Demeter, die ein kleines Stück Menschenfleisch aß, als ihre Tochter verlorenging. Im Adoniskult weinen die Frauen mit Venus, so wie noch heute Frauen in Sizilien während der Feierlichkeiten der Karwoche mit Maria weinen. Sind sie in einem wörtlichen Verständnis gefangen? Nein, aber deswegen ist das Geschehen nicht weniger wirklich. Die ‹Larousse Encyclopedia of Mythology› beschreibt das phönizische Adonis-Fest als extrem naturalistisches Theater. Alles, was normalerweise bei Begräbnisfeierlichkeiten getan wurde, wurde auch hier getan: die Opferungen für den Toten, das Leichenmahl, die Prozession der Frauen, die mit Ton- oder Wachsbildnissen des Gottes durch die Straßen zogen, dabei klagten und ihre Brüste mit allen Anzeichen des tiefsten Leids schlugen. In der kultivierteren Welt von Alexandria wurde dasselbe Fest beibehalten. Dort lag der schöne heranwachsende Adonis auf einem silbernen Bett – und Venus lag neben ihm. Rund herum standen Vasen, gefüllt mit Riechstoffen, Früchten, Honig, Kuchen sowie die «kleinen Adonis-Gärten», die aus Fenchel, Gerste, Weizen oder Lattich bestanden. Auf diese Pflanzen hatte Venus den Körper des Geliebten gebettet, denn sie wachsen schnell und sterben schnell und erzählen die Geschichte dessen, der jährlich getötet wird.

Man kann sie heute noch zur Osterzeit in Sizilien sehen, wo sie in Schalen oder Scherben gesät werden – aus Gründen, die niemand kennt, es wird einfach immer gemacht. Auch das Bildnis des toten Gottes ist noch immer sichtbar, wenn es in einem gläsernen Schrein hinter einer Blechmusik in der Stadt herumgetragen wird. Hinter ihm gehen schwarzgekleidete Frauen, die selber zu Symbolen des Schmerzes einer Welt geworden sind, worin der Garten verlassen liegt, der Geliebte stirbt, die Frucht – unerreichbar – über Tantalus' Kopf hängt, das androgyne Wesen gespalten ist, Ixion Juno nicht erobern und Tityus nicht Diana gewinnen – und kein Erleben je bewahrt und behalten werden kann.

Und doch: Der Schmerz ist – wie die schwarze Göttin, Kybele mit dem dunklen Gesicht – immer voll, rundbäuchig mit der Morgendämmerung. Wenn er nicht ginge, sagt Jesus zu den Aposteln, könnte der Heilige Geist nicht kommen. Wenn er nicht stürbe, könnte Adonis nicht leben. Wenn Venus ihn nicht verlöre, könnte sie ihn nicht besitzen. Es ist der Mythos dieses Etwas, das wir Bewußtsein nennen, und des zentralen Platzes, welchen der Verlust darin einnimmt.

Wenn Marias Schwangerschaft oder, was gleichbedeutend ist, Myrrhas Schwangerschaft, historische Tatsache sein soll, dann geht uns die Befruchtung aus dem Jenseits nichts an. Wenn beide symbolisch verstanden werden, dann beschreiben sie die wichtigste Aufgabe, die wir als menschliche Wesen haben, nämlich Gastgeber für die Samen zu sein, die aus dem Geistigen hereinwehen, ihnen Wachstum zu gestatten, ihnen Körper, Ort und Maß zu verleihen, ihnen den Übergang aus der archetypischen in die wirkliche, besondere Seinsweise zu ermöglichen.

Die Eltern vermitteln das Mysterium, das hinter ihnen steht. Ob wir es vor allem als schwangeren Schoß oder als potenten Phallus erfahren, entscheidet über unsere geschlechtliche Orientierung, die nicht immer mit unserem biologischen Geschlecht übereinstimmt. Ob wir heterosexuell oder homosexuell sind, machen wir uns daran bewußt, was uns als numinos erscheint, was Energie enthält, welche Art des Symbols uns aus jenem großen Dunkel anspricht. Das Gegenteil ist aber immer auch im Dunklen dort verborgen. Der große Vater hat alle Energien des Erdbebens in seinem Haar und in seinem Bart, aber hinter ihm steht die große Frau, die Dunkle, die schwarze Göttin, Kybele, schwarz, weil unbekannt, Mutter, weil die ganze Welt aus ihr kommt, Jungfrau, weil kein Mann sie erkannt hat. Sie ist eine uralte Göttin, aber sie wird unbewußt noch immer in zahllosen kleinen, abgelegenen Kirchen in ganz Europa verehrt – und auch in ein paar großen. Sie ist dieselbe schwarzgekleidete Frau, die im orphischen Mythos das Welt-Ei legt; sie ist androgyn, weil sie umgekehrt das Männliche in sich enthält. Die Dunkelheit ist das Unfertige. In ihr ist alles auch sein Gegenteil, so daß wir uns, wenn wir uns dort verlieren, schnell sehr psychotisch fühlen und nicht wissen, wer wir sind.

Die Außenwelt verleiht Besonderheit, so wie sie Sprache verleiht. Das ist ein Topf, das ein Kessel, das bin ich, und das bist du. Wenn eine Tochter ihren Vater auf dieser Ebene kennt, als ein von ihr ganz verschiedenes Individuum; wenn sie weiß, wie er funktioniert, was er über die Dinge denkt; wenn sie weiß, daß sie jemand für ihn ist und er jemand für sie – dann kommt die große Dunkelheit nach außen und löst sich auf. Das Eltern-Kind-Drama findet wieder im Beratungszimmer statt. Dort können die Feuer des Archetypischen wieder gefühlt, aber auch im Äußeren durch die reale Beziehung differenziert werden.

Warum aber müssen wir uns um diese Dunkelheit kümmern? Das letzte große Problem des heiligen Inzests liegt in der Frage, warum wir uns überhaupt damit auseinandersetzen müssen. Diese Frage taucht in allen ungewöhnlichen, tabuisierten Aspekten der Liebe auf. Die Antwort ist die, daß uns solche Liebe Zugang zu dem großen Reservoir instinkthafter Bewegkraft gibt, welche die Welt uranfänglich geschaffen hat. Kein bewußtes Gefühl kann existieren, ohne sich von Zeit zu Zeit an diesen Wassern aufzufrischen. Wenn dies nicht geschieht, wird das Gefühl dünn, verliert seine Energie, bleibt konventionell. Deshalb hoffen die Menschen immer, daß sie ‹Liebe› erfahren, womit sie das Überwältigende, das Unsagbare meinen, das, was mächtiger ist als sie selber. Sie werden immer den Samen des unbekannten Geistes empfangen und ihm ihr Fleisch geben wollen. Für Danae kommt er als Goldregen, für Leda als Schwan, für Semele als großes Geheimnis, das sie nicht sehen darf. Warum öffnen sie sich? Sie warten in einem Zustand schrecklicher Langeweile, bis sie es tun können. Ohne ein solches Ereignis ist ihr Leben sinnlos. Und warum kommt der Geist so gebieterisch und als so dringendes Bedürfnis zu ihnen? Es muß damit zu tun haben, daß er sich in der Materie erfüllen, dort seine Form finden sollte. Es ist die Inkarnation, für welche, im Mythos der Evangelien, die ganze Welt in den Wehen liegt; es steht *hinter* jedem geschlechtlichen Ereignis, aber auch *unter* ihm, in den Tiefen, die es aushöhlt. Deshalb kann Myrrha nicht so einfach wie ein Rind oder eine Ziege sein. Immer wird der Geist versuchen, in sie einzudringen und sie fruchtbar zu machen, und der Körper wird sich immer danach sehnen, schwanger zu werden und zu gebären. So daß sie, wie wir, ganz wirklich verstanden, nicht mehr als der Stall ist, worin Gott geboren wird.

The Metamorphoses of Ovid. Vier Vorlesungen, gehalten am Frühlingskurs des ‹Forschungs- und Ausbildungszentrums für Tiefenpsychologie nach C. G. Jung und Marie-Louise von Franz› in St. Niklausen, Obwalden, April 2001, hier leicht überarbeitet. Übersetzt von Dr. phil. Rudolf Högger und Irene Täuber, Langenbruck.

Julian David, M.A., Luscombe Farm, Buckfastleigh, Devon TQ11 OLP, Großbritannien.

Hansueli F. Etter

Mista'peo – der große innere Mensch der Naskapi-Indianer

Einleitung

Im Mai 1958 beantwortete JUNG – er war damals 83jährig – Fragen von englisch sprechenden Studierenden am Jung-Institut in Zürich. Bei dieser Gelegenheit erwähnte er mehrmals Begriffe wie «the Great Man» oder «der große Mensch». Er verwies dabei auf die Naskapi-Indianer, aus deren Kultur diese Begriffe stammen. In den deutschen und englischen Ausgaben seiner ‹Gesammelten Werke› sucht man diese Begriffe aber vergebens.[1] Er erwähnte sie auch sonst nirgends.[2] Seine Ausführungen zum ‹Great Man› im genannten Gespräch sind aber besonders eindrücklich.[3]

JUNG hatte seine Kenntnisse über den Mista'peo der Naskapi-Indianer aus einem Buch, das FRANK G. SPECK, ein damals bekannter Anthropologe der Pennsylvania University, 1935 zum ersten Mal veröffentlicht hatte.[4] Das wissen wir von einem privaten Tonband, auf dem ein Gespräch mit JUNG aufgezeichnet ist.[5] Dort hören wir JUNG sagen, er habe ein Buch mitgebracht, das eben erst herausgekommen sei, ein Buch über die Naskapi-Indianer aus Labrador. Also müßte dieses

---

[1] C. G. JUNG: Gesammelte Werke, 20 Bände. – Vgl. Bibliographie am Ende des Aufsatzes.

[2] Allerdings sprach JUNG im Seminar über NIETZSCHES Zarathustra an vielen Stellen über den «Old Wise Man». In diesem Seminar hielt TADEUS REICHSTEIN einen ausführlichen Vortrag zum Thema des ‹Old Wise Man›. Das war 1934, also ein Jahr vor dem Erscheinen von SPECKS Buch über die Naskapi (vgl. Fußnote 4).

[3] C. G. JUNG im Gespräch, hrsg. von ROBERT HINSHAW, Einsiedeln 1986, 198 ff.

[4] FRANK G. SPECK: Naskapi, The Savage Hunters of the Labrador Peninsula. University of Oklahoma Press, Oklahoma, 1935, unveränderte Neuauflagen 1963, 1977.

[5] Unpubliziert, aufgenommen auf sogenannten Tondrähten.

Gespräch kurz nach 1935 stattgefunden haben.[6] Aus diesen Aufzeichnungen ist deutlich zu entnehmen, wie begeistert JUNG über die Entdeckungen SPECKS war, weil sie seinen eigenen Beobachtungen an der menschlichen Seele weitgehend entsprachen.

JUNG kommt in diesem Gespräch mehrmals auf den ‹Great Man› zu sprechen. Er sagt unter anderem, daß die Naskapi annehmen, der ‹Great Man› werde gewiß sprechen, und zwar durch die Träume, denn nur die Träume hätten eine entsprechende Antwort bereit, weil der ‹Great Man› ein umfassendes Wissen habe. Der ‹Great Man› sei eben in jedem von uns, denn er entspreche dem Unbewußten. Man könne immer auf ihn zählen, und man könne gewiß sein, daß der ‹Great Man› immer Anteil nehme am Schicksal des Einzelnen – sogar auch dann, wenn dieser an seinem eigenen Schicksal nicht interessiert sei. In einer Analyse würde man genau dasselbe tun, was auch die Naskapi täten – nämlich ein Zwiegespräch mit dem ‹Great Man› halten – und dabei würde man die besondere Intelligenz im eigenen Hintergrund erfahren und man erkenne allmählich die Natur des ‹Great Man›.

JUNG geht in einem anderen Zusammenhang auf die Frage ein, ob man das Unbewußte personifizieren könne. Er schreibt: «Könnte man das Unbewußte personifizieren, so wäre es ein kollektiver Mensch, jenseits der geschlechtlichen Besonderheit, jenseits von Jugend und Alter, von Geburt und Tod und würde über die annähernd unsterbliche menschliche Erfahrung von ein bis zwei Millionen Jahren verfügen.»[7] Der ‹Great Man› oder Mista'peo der Naskapi ist eine Personifizierung des Unbewußten.[8]

MARIE-LOUISE VON FRANZ erwähnt, daß ihres Erachtens nach JUNGS Einsichten und seine Einstellung zum Unbewußten am meisten dem primitiven Urzustand des Religiösen gleichkomme, zum Beispiel dem Schamanismus oder etwa der Religion der Naskapi-Indianer, welche

---

[6] Das Gespräch mit JUNG am Institut fand 1958 statt. Wenn er damals das Buch von SPECK mitgebracht hätte, das 1935 erschienen ist, wäre es nicht «eben erst herausgekommen». Anderseits sind die Aussagen auf dem Tonband und das obgenannte Gespräch stellenweise so ähnlich, dass man eine zeitliche Nähe von Tonband und Gespräch annehmen möchte. Die genaue Datierung der Tonbandaufnahme bleibt daher unsicher.

[7] C.G. JUNG: Das Grundproblem der gegenwärtigen Psychologie. GW 8, § 673f.

[8] Vgl. dazu auch ALFRED RIBI: Anthropos, der ewige Mensch. Der ewige göttliche und kosmische Mensch in Geschichte, Politik und Tiefenpsychologie. Bern 2002.

«nur ihren Träumen folgen, von denen sie glauben, daß der unsterblich große Mann im Herzen sie sende».[9]

Sie selber erwähnt die Naskapi-Indianer und den ‹Great Man› an verschiedenen Stellen.[10] Zum ersten Mal schreibt sie darüber in ihrem Aufsatz «Der Individuationsprozeß»:

> «Diese Waldjäger leben so einsam in kleinen Familiengruppen, daß sie keine Stammesbräuche und religiöse Anschauungen oder Riten entwickeln konnten. Daher verlassen sich die Naskapi-Jäger nur auf ihre inneren unbewußten Eingebungen und Träume. Sie lehren, daß die Seele des Menschen nichts anderes sei als ein innerer Gefährte, den sie als ‹mein Freund› oder als ‹Mista'peo› = ‹Großer Mann› bezeichnen. Er wohnt im Herzen des einzelnen und ist unsterblich. Diejenigen Naskapi, welche auf ihre Träume eingehen und ihren verborgenen Sinn zu deuten versuchen und dessen Wahrheit ausprobieren, können in eine tiefere Verbindung mit dem ‹Großen Mann› treten. Er begünstigt solche Leute und schickt ihnen mehr und bessere Träume. Neben dieser Hauptverpflichtung des Individuums, den Anweisungen seiner Träume zu folgen, besteht eine weitere Pflicht: die Träume auch durch Kunstdarstellung zu verewigen. Lüge und Betrug verscheuchen den ‹Großen Mann› im Inneren, während Großzügigkeit, Nächstenliebe und Tierliebe ihn anziehen. Die Träume geben somit den Naskapi eine vollständige Orientierung, auch in Beziehung zur äußeren Natur, das heißt zu Jagdmöglichkeiten, Wetter und anderen Umständen, von denen sie abhängen.
>
> Ich erwähne diese ursprünglichen, einfachen Menschen hier deshalb, weil sie unbeeinflußt von unserer Zivilisation sind und dadurch noch eine eigene unverdorbene, natürliche Kenntnis von dem Seelenkern zu besitzen scheinen, den Jung als das Selbst bezeichnet hat.»[11]

---

9 MARIE-LOUISE VON FRANZ: C. G. Jung. Sein Mythos in unserer Zeit, 19 f.

10 MARIE-LOUISE VON FRANZ: Wissen aus der Tiefe, 47 ff. – Dies.: Der Individuationsprozeß. In: Archetypische Dimensionen der Seele, 316, 363. – Dies.: Die inferiore Funktion. In: Psychotherapie, 42.

11 MARIE-LOUISE VON FRANZ: Der Individuationsprozeß. In: C. G. JUNG: Der Mensch und seine Symbole. Walter, Olten 1968, 161. – Jetzt in dies.: Archetypische Dimensionen der Seele. Daimon, Einsiedeln 1994, 316 f.

Wer sind die Naskapi-Indianer, wo leben sie, und was macht sie zu bedeutenden historischen Zeugen einer Haltung, die der Auffassung der modernen Tiefenpsychologie so nahe steht?

Die Wildnis von Labrador[12]

Die Naskapi-Indianer lebten in den flachen wasserreichen Ebenen[13] und entlang der Küstengebiete der südlichen und östlichen Labrador-Halbinsel.[14] Sie sind damit die nördlichsten Indianer von Nordamerika. Noch weiter nördlich auf dieser Halbinsel (Abb. 1) lebten nur noch die Inuit, die von Norden her eingewandert sind und damit die südlichsten Eskimiden bilden.[15]

Das Distrikt Labrador liegt im nordöstlichen Teil Kanadas. Politisch ist es ein Teil der Provinz Neufundland/Labrador[16], und geographisch gehört es zur Halbinsel Labrador, auf der sich zudem die Provinz Que-

---

[12] Der Name Labrador wurde zuerst für Grönland verwendet (16. Jh.) und erst im 17. Jh. auf die Halbinsel zwischen Labradorstrom und Hudson Bay übertragen in der irrigen Meinung, die beiden Gebiete gehörten zusammen. Der Name rühre daher, dass der Portugiese JOÀO FERNANDES von den Azoren Grönland den Namen «Tierre del Llavrador» gegeben habe.

[13] Das Landesinnere bildet eine Ebene, die zwischen 200 und 600 m ü. M. liegt.

[14] Die kanadische Halbinsel Labrador liegt zwischen dem 50. und 60. nördlichen Breitengrad, also etwa auf gleicher geographischer Höhe wie die Inseln von Großbritannien oder die europäische Festlandzone zwischen der Südspitze Norwegens und Mitteldeutschlands – allerdings nicht ganzjährig aufgewärmt durch den Golfstrom, sondern abgekühlt durch den aus dem Polarmeer fließenden Labradorstrom.

[15] Die Inuit waren die traditionellen Feinde der Naskapi, weil sie teilweise denselben Lebensraum beanspruchten.

[16] Das «Neu-gefundene Land», 1497 von GIOVANNI CABOTO im Dienste Englands entdeckt und als außerordentlich fischreich beschrieben.

Abb. 1
Ausschnitt aus Satellitenaufnahmen über dem Atlantik. Ganz im Nordosten von Nordamerika südwestlich vom vereisten Grönland liegt die Labrador-Halbinsel (aus 836 km über dem Meeresspiegel aufgenommen, 1 cm entspricht 460 km).

bec befindet. Mit 293 000 Quadratkilometern ist allein die Fläche des Labrador-Distriktes größer als ganz Großbritannien.[17] Sie war um 1970 von etwa 30 000 Menschen bewohnt. Das ergab damals im Durchschnitt einen Einwohner auf 10 Quadratkilometer. SPECK rechnete mit 3000 bis 4000 Naskapi-Indianern, die ursprünglich dieses Gebiet als Wildbeuter durchstreift hatten. Dies entsprach einem Einwohner auf 100 Quadratkilometer (0,01 Einwohner pro Quadratkilometer). Diese Dichte liegt im weltweiten Vergleich an der kritischen Grenze. Wenn sie kleiner wird, stirbt die Bevölkerung aus.[18]

Die seßhafte Bevölkerung im Labrador-Distrikt verteilt sich auf etwa 65 ganzjährig bewohnte Siedlungen, die vor allem an der Küste liegen. Die größte Siedlung ist Nain an der Nordküste mit gegen 1200 Einwohnern. Ganze 65 km Straße durchziehen das Land in Küstennähe. Die innere Wildnis von Labrador ist nur auf dem Wasser, aus der Luft und im Winter auf Schlitten zu erschließen. Entlang der äußersten Nordküste lagen einige von den herrnhutischen Missionaren gegründeten und längst wieder aufgegebenen Siedlungen mit biblischen Namen. Auch an der Ostküste zeugen die Namen großer Flüsse – zum Beispiel der St.-Augustin-River – von der vorübergehenden Anwesenheit von christlichen Missionaren.

Als sein südöstlicher Rand bildet die Labrador-Halbinsel ein ungleichmäßiges Plateau des präkambrischen[19] Kanadischen Schildes, der aus uraltem Granitgestein besteht, das in geologisch jüngster Zeit über Zehntausende von Jahren durch Regen, Wind und Eis erodiert worden ist. Nach dem Abschmelzen der gewaltigen Eismassen, die das Urgestein während der letzten Eiszeiten überzogen hatten, hob es sich – durch die Gletscher geschliffen oder das lose Gestein stellenweise zu hohen Moränen aufgetürmt – bis gegen 180 Meter aus dem Meer. Die höchsten Erhebungen im Westen am Rande der Hudson Bay – die Torn-

---

[17] Die ganze Halbinsel von Labrador umfasst eine Fläche von ungefähr 1 625 000 Quadratkilometern, was etwa der Grösse von Spanien, Italien, Frankreich und Deutschland entspricht.

[18] Vgl. dazu HANSUELI F. ETTER: Anthropologischer Beitrag zur Entwicklung der Bevölkerung. In: Gesellschaft und Bevölkerung. Einführungskurs in die ur- und frühgeschichtliche Archäologie der Schweiz. Schweizerische Gesellschaft für Ur- und Frühgeschichte, Bern 1990, 120 bis 129.

[19] Älter als 600 Millionen Jahre. Die ältesten Gesteinsschichten sind gegen 2,9 Milliarden Jahre alt.

gat Mountains – erreichen eine Höhe bis zu 1800 m. Überall trifft man auf Sand, Steine und Findlinge. Ein neufundländisches Sprichwort besagt: «Gott schuf Labrador in sechs Tagen. Und am siebten bewarf er es mit Steinen.»

Seinen Eindruck über Labrador hinterließ der berühmte französische Seefahrer JACQUES CARTIER, der 1534 der Küste von Labrador entlang segelte: «... Steine und Felsbrocken, schrecklich und mißgestaltet, denn an der ganzen Nordküste fand ich nicht einen Karren voll Erde, obwohl ich an vielen Stellen anlegte ... Kurz, ich halte dafür ... daß es das Land ist, das Gott Kain gab.»[20] Kapitän COOK, der zwischen 1763 und 1767 Karten von der Küste von Labrador anfertigte, fand das Land so unwirtlich, daß er keinen Grund sah, an Land zu gehen.[21] Der amerikanische Reiseschriftsteller HENRY YOULE HIND erforschte Labrador 1861 und veröffentlichte darüber einen Bericht, in dem er festhielt, daß «die erschreckende Trostlosigkeit des Tafellandes von Labrador mit Worten überhaupt nicht zu beschreiben» sei.[22] Nach der Zeit der großen Entdeckungen und bis um 1900 waren das Innere von Labrador und seine Menschen noch immer so gut wie unbekannt. Im 16. Jahrhundert aber wurde die Südostküste von Labrador vorübergehend durch Spanier besiedelt, die hier Zehntausende von Walen erjagten und schlachteten, mit deren Öl damals in ganz Europa die Lampen gespeist worden sind, die auch die Studierstuben der Gelehrten erhellten.[23]

Eine der ersten Expeditionen in die Wildnis des Landesinneren regte ein amerikanischer Schriftsteller und Forschungsreisender namens LEONIDAS HUBBARD an, der Erfahrungen aus der kanadischen Wildnis mitbrachte. Er brach mit zwei Freunden, DILLON WALLACE und GEORGE ELSON, einem erfahrenen Jäger und Fährtenleser, Mitte Juli 1903 mit einem großen Kanu und einer angemessenen Ausrüstung ins Innere der Labrador-Halbinsel auf. Sie verirrten sich bald und wurden Mitte September, vom einbrechenden Winter und durch die Strapazen völlig erschöpft, zur Rückkehr gezwungen. HUBBARD starb an Erschöpfung, WALLACE war auf fast die Hälfte seines Gewichtes abgemagert und

---

[20] ROBERT STEWART: Labrador. Die Wildnisse der Welt. Time-Life International, Amsterdam 1977, 79.

[21] Ebenda.

[22] Ebenda.

[23] In «Red Bay» sind unter anderem riesige Mengen von Walöl verarbeitet worden. Die archäologisch erforschte Siedlung an der Südostküste Labradors soll ihren Namen von der Unmenge Blut der Wale erhalten haben, die täglich ins Meer floß.

litt an Erfrierungen, als ihn ELSON rettete, der – selber am Ende seiner Kräfte – rechtzeitig bei erfahrenen Trappern an der Küste Hilfe holen konnte. Vor dem Aufbruch hatten diese die drei Abenteurer gewarnt und ihnen den Mißerfolg prophezeit.[24] FRANK G. SPECK begann als ein Pionier seine Feldforschungen mit den Naskapi-Indianern in Labrador 1908 und setzte sie fort bis 1932.

Die über weite Teile unbewohnte Wildnis der Labrador-Halbinsel gliedert sich in vier Vegetationszonen. Ein mehr als 100 km breiter Streifen entlang der Südküste ist bedeckt von einem offenen Mischwald. In der schier endlosen Ebene im Inneren der Halbinsel, die von zahllosen Mooren, Sümpfen, Flüssen und Seen durchzogen ist, dehnt sich ein lockerer mit Birken durchsetzter Nadelwald aus. Gegen Norden werden die niedrig gewachsenen Bäume immer seltener und machen einer baumlosen Tundra mit viel Rentiermoos Platz. Im hohen Nordosten ist die Küste von tiefen Fjorden eingeschnitten, deren Bergflanken steil ins Meer abfallen.

Dieses riesige Gebiet ist noch heute mit normalen Transportmitteln so gut wie nicht zu erschließen. Neben nur zwei Fernstraßen auf der Halbinsel führt eine Eisenbahnstrecke von der Südküste nach Schefferville[25] ins Landesinnere. Um einen Eindruck vom Landesinnern zu erhalten, muß man es aus der Luft betrachten. Die Küste kann von Transportschiffen aus erkundet werden. Spektakulär sind die Zeugen vergangener Vereisungen und Verwitterungen im Norden: Gesteinsschutt mit hausgroßen Felsbrocken, Risse und Spalten in den Felswüsten, blank gescheuerte Felsrücken. Das überaus rauhe Klima macht die Einrichtung und den Unterhalt verläßlicher Transportverbindungen auf dem Landwege schwierig. Dies steht einer dauernden Nutzung dieser Gegend durch Menschen, die an die Bequemlichkeiten der heutigen Zivilisation gewöhnt sind, noch heute entgegen. Sie sind in dieser unwirtlichen und abgeschiedenen Landschaft schnell überfordert. Nur wenige Unternehmen im Bergbau und in der Holzgewinnung sind im südlichen Teil der Labrador-Halbinsel tätig, weil die Arbeitskräfte trotz modernen Einrichtungen das Klima und die Einsamkeit auf die Dauer nicht ertragen. Das rauhe Klima, die ungenügende Humusdecke und

---

[24] STEWART, ebenda, 78–97.

[25] 15 km nordöstlich von Schefferville liegt das Dorf Kawawachikamach, wo sich etwa 700 Naskapi niedergelassen haben und die «Naskapi Nation of Kawawachikamach» bilden.

das Fehlen von Grasland verunmöglichen zudem eine erfolgreiche Landwirtschaft.

Ganz Labrador ist dem Angriff kalter Luftmassen ausgeliefert, die an einem Tag von der Labradorsee her im Osten und an einem anderen Tag von der Hudson Bay her im Westen einströmen. Dazu kommt das eisige Wasser des Labradorstromes, der aus dem Nordpolarmeer kommt und unzählige Eisberge mit sich führt.[26] Die stürmischen Winde lassen die Durchschnittstemperaturen im Landesinnern im Monat Februar auf durchschnittliche minus 23 °C absinken, wobei sie bis auf minus 70 °C fallen können. Die kalten Wassermassen lassen auch die darüberliegenden Luftschichten stark abkühlen. Ein Seitenarm des Labradorstromes zweigt ostwärts ab und trifft mit dem nordwärts fließenden warmen Golfstrom zusammen. Die großen Gegensätze in der Temperatur dieser beiden Meeresströmungen sind der Grund dafür, daß die Ostküste der Labrador-Halbinsel zu den nebligsten Gegenden der Erde gehört.[27] Die Kondensierung des Wasserdampfes führt hier in den kurzen Sommermonaten zudem zu ausgiebigen Niederschlägen. Im Winter ist es kalt und trocken.

Eigentlich wechseln sich die zwei Hauptjahreszeiten – Sommer und Winter – im Landesinnern ohne Übergänge ab. Der harte Winter beginnt früh im Oktober und dauert bis Mitte Juni, wenn das Eis schmilzt und der Sommer unvermittelt anbricht. Kein Sommermonat verstreicht aber ohne gelegentlichen Frost. Frühling und Herbst sind nur von kurzer Dauer, aber von besonderer Schönheit und intensiver Farbenpracht. Der mitunter heiße Sommer mit Temperaturen von über 30 °C bringt zusammen mit der hohen Feuchtigkeit der wasserreichen Ebenen eine Plage mit sich, der man sich durch nichts entziehen kann: Die Myriaden von Kriebelmücken (black flies) und der Stechmücken, die sich Tag und Nacht auf jede ungeschützte Hautstelle stürzen und leicht durch zwei Stoffschichten und durch Nähte hindurch stechen können. Sie dringen in die Ohren, setzen sich am Hals fest und fliegen in den Mund, wenn man spricht. Erfahrene Holzfäller sind deswegen auch im Hochsommer winterlich gekleidet, um sich vor den Mücken zu schützen. Der Speichel der Stechmücke ist giftig und verursacht lokale Entzündungen. Die Kriebelmücke reißt mit ihren scharfen Mundwerk-

---

[26] Einem dieser Eisberge fiel 1912 die «Titanic» zum Opfer.

[27] Stürme, Nebel und Eisberge machen den Labradorstrom zu einem äußerst gefährlichen Fahrwasser für die Schiffahrt.

zeugen kleinste Fleischstücke aus der Haut. Wenn sie stechen, hinterlassen beide Insekten schmerzhafte und juckende Wunden, die sich leicht zu Furunkeln entwickeln können. Nur ein starker Wind kann vorübergehend von der Plage befreien. Den Mücken ist es hauptsächlich zu verdanken, daß die Halbinsel von Labrador noch heute eine von Weißen weitgehend gemiedene Wildnis geblieben ist.

Zwei Raubtiere können den Menschen gelegentlich gefährlich werden: der hauptsächlich vegetarische Schwarzbär und der Wolf. Letzterer ist territorial und reißt neben Kleinsäugern vor allem jene Karibus aus den riesigen Herden, die auf den raschen und langen Wanderungen durch sein Jagdgebiet nicht mithalten können. Normalerweise gehen aber beide den Menschen aus dem Wege.

Das ursprüngliche Leben der Naskapi-Indianer

Neben den Naskapi[28] bevölkerten die Montagnais-Indianer[29] die etwas gebirgigeren Landstriche im Westen entlang der Hudson Bay und die Cree-Indianer mehr den Süden der Labrador-Halbinsel (Abb. 2). SPECK hatte die zwei nördlichen Gruppen als Montagnais-Naskapi zusammengefaßt. Alle Gruppen sprachen einen Dialekt der Algonkin-Sprachfamilie. Ihre verschiedenen Namen entsprechen den Bezeichnungen, die die Indianer selber für einander benutzten. Die linguistischen und kulturellen Unterschiede waren allerdings gering.[30]

Seit alters lebten die Naskapi halbnomadisch[31], das heißt, sie zogen in den kalten Jahreszeiten in Familiengruppen (15 bis 20 Leute) umher, um das spärliche Nahrungsangebot besser nutzen zu können, und versammelten sich nur in den kurzen Sommerzeiten zu größeren Gruppen (150 bis 300 Leute) an der Küste. Da sie für ihr Überleben stetig

---

[28] Es ist nicht meine Absicht, das Buch von FRANK G. SPECK über die Naskapi hier zusammenzufassen. Ich greife hauptsächlich das heraus, was in Beziehung zum «Great Man», zum Mista'peo steht, weil er eine Personifizierung des Unbewußten darstellt.
[29] Die Jesuiten nannten diese Indianer zuerst Montagnais, was etwa mit ‹Bergler› übersetzt werden könnte. Sie wurden auch als Kebik bezeichnet. Später führte dieser Begriff zum Namen der Stadt Quebec.
[30] Vgl. J. E. MICHAEL KEW: Foreword to the New Edition. In: SPECK, Naskapi, 1977.
[31] Man rechnet damit, dass die Vorfahren der Naskapi mit dem Rückzug der Vergletscherungen am Ende der letzten Eiszeit vor etwa 8000 Jahren auf die Labrador-Halbinsel vorgestoßen sind.

Abb. 2
Karte der Labrador-Halbinsel im Nordosten Kanadas. Sie zeigt die ungefähre Verteilung der lokalen Gruppen der Montagnais-Naskapi und der Inuit (schraffierte Gebiete) seit 1850.

wandern mußten, konnten sie keine materielle Kultur entwickeln, sondern beschränkten sich auf das Tragbare.[32] Nebst den wenigen Gegenständen zum Kochen und Essen (Löffel, Kessel, Trinkgefäße, Teller, Schalen), den traditionellen Jagdwaffen (Speer, Pfeil und Bogen, Angelhaken, Netze, Fallen), den Werkzeugen (hauptsächlich das gebogene

[32] Auch aus diesem Grunde war ihnen der Besitz von Land ein fremder Gedanke.

Messer, Schaber, Nadeln) und den Kleidern besaßen sie Schlitten, Schneeschuhe und Kanus. In den kalten Wintermonaten übernachteten sie in Schneelöchern oder in einfachen Unterständen aus Holzstangen und Fellen oder Birkenrinden als Windschutz. Letztere benutzten sie vor allem auch während der wärmeren Jahreszeiten. Ihre Kleidung bestand zur Hauptsache aus Karibufellen. Die meisten Gegenstände fertigten sie aus Holz, Rinde, Geweih, Knochen und Fellen an.[33] 1808 schrieb ein Besucher der Naskapi Folgendes:

> «Bezüglich Klima und Vegetation ist die Gegend, die ich besuchte, vielleicht der von der Natur am wenigsten begünstigte Teil der bewohnbaren Welt. Für diejenigen, die hier leben müssen, gibt es außer ein paar Kleintieren keine anderen Nahrungsquellen, weil der Boden nur aus Sand und Steinen besteht, die mit etwas Moos bedeckt sind. Das macht die Erde hier unfruchtbar, und es ist zu kalt, als daß sonst etwas wachsen könnte, was den ständigen Hunger befriedigen könnte. Ich glaube, nichts könnte mehr Mitleid erwecken als der Anblick eines Wilden der Labrador-Halbinsel, umgeben von seiner Frau und fünf oder sechs kleinen Kindern, alle ausgemergelt vor Hunger und Kälte, nach einem Unterschlupf Ausschau haltend, der aus einem Schneeloch besteht, mit einem Dach aus Ästen darüber, das sie vor dem Wetter schützt. Die ganze Ausrüstung für den Haushalt besteht aus einem Kessel, der über einem Feuer hängt, nicht um die Jagdbeute zu kochen, sondern um Schnee zu schmelzen.»[34]

Die kleinen Gruppen von zwei bis drei Familien zogen während der kalten Wintermonaten hinter den Karibuherden her, wie es noch heute die Samen im Norden von Skandinavien und Westrußland mit den halbdomestizierten Rentieren tun. Neben Karibus (Abb. 8) – seit jüngerer Zeit auch kanadischen Elchen – und Schwarzbären (Abb. 6) jagten sie Kleintiere wie Biber, Otter, Füchse, Marder, Hasen, Stachelschweine und Schildkröten. Dazu kamen zahlreiche Süß- und Salzwasserfische,

---

[33] Vgl. Edward S. Rogers, Eleanor Leacock: Montagnais-Naskapi. In: Handbook of North American Indians. (Hrsg. William U. Sturtevant), Vol. 6, The Subarctic, Smithsonian Institution, Washington 1981, 175.

[34] James McKenzie: The Kings Posts (1808). Zitiert in L. R. Masson: Les Bourgeois de la Compagnie du Nord-Ouest, Québec 1890, 407. – Alle deutschen Übersetzungen aus der englischen Erstausgabe von Speck, 1935, stammen vom Autor und halten sich soweit wie möglich an den oft schwierigen Originaltext.

solange die Gewässer nicht zugefroren waren, sowie Seehunde und Vögel. Pflanzliche Nahrung, wie Beeren, Trauben, Wildkirschen und Wildäpfel, Haselnüsse sowie einige Wurzeln, ergänzte das Nahrungsangebot hauptsächlich in den wärmeren Sommermonaten.[35]

Obwohl die meisten Naskapi-Gruppen bis um 1800 weitgehend isoliert lebten, kamen sie bereits um die erste Jahrtausendwende mit Europäern in Kontakt. Als die Wikinger den nördlichen Atlantik überquerten, landeten sie auf Neufundland, wo sie auf die ursprünglichen Bewohner, die Beothuk, stießen. Man nimmt an, daß die Wikinger von dort aus auch die Labrador-Halbinsel besuchten und mit den Naskapi vorübergehend Handel trieben.[36]

Man schätzt die ursprüngliche Größe der Bevölkerung der Montagnais und Naskapi auf der ganzen Labrador-Halbinsel auf mindestens 3000 und höchstens 10 000 Leute. Um 1884 war ihre Zahl auf gegen 2000 zurückgegangen. Ursache dafür waren Krankheiten, die die Europäer eingeschleppt hatten (vor allem Tuberkulose und Pocken), sowie der Gebrauch von Gewehren und eisernen Fallen. Diese bislang unbekannten Jagdmethoden führten zu einer Überjagung der Pelztiere, deren Felle sie an den Missionsstationen verkaufen konnten. Dazu kam das übermäßige Trinken von Alkohol, den die Weißen mitgebracht hatten, und riesige Buschbrände. All dies hatte zu einem dramatischen Rückgang von Tieren und Menschen geführt. Ab 1945 stieg die Gesamtzahl der Montagnais-Naskapi zusammen mit einigen anderen kleinen Indianerstämmen in Quebec auf nahezu 20 000 Mitglieder an.[37] Sie sind heute eingeteilt in vier Verwaltungsdistrikte und werden politisch repräsentiert durch die Innu-Nation,[38] deren Sitz im Dorf Kawawachikamach bei Schefferville liegt.[39] Sie besitzen Jagd- und Fischrechte innerhalb eines bestimmten Gebietes und erkämpften sich vom kanadischen Staat gewisse Rechte zur Selbstverwaltung. Sie gehören heute zu den politisch erfolgreichsten und fortschrittlichsten Indianerstämmen Nordamerikas.

---

[35] ROGERS and LEACOCK: Montagnais-Naskapi, 174.

[36] STEWART: Labrador, 78.

[37] www.dickshovel.com: Montagnais History, vgl. auch ROGERS and LEACOCK: Montagnais-Naskapi, 173.

[38] Innu heißt Mensch. Mit diesem Begriff bezeichnen sie sich selber. Naskapi (auch Naskaupi geschrieben) dagegen ist ein verächtliches Wort, mit denen die Montagnais früher ihre nordöstlichen Nachbarn, die Karibujäger, bezeichnet haben. Es bedeutet besitz- und kulturlose Menschen. Das Wort Naskapi wurde später von den Weißen übernommen.

[39] Vgl. Fussnote 24.

In der Vergangenheit trafen sich die Naskapi während der Sommermonate entlang den Küsten in größeren Versammlungen von 20 bis 30 Familien. Dann war ihr Leben vorübergehend etwas leichter. Sie amüsierten sich bei Spielen und Tänzen, tauschten Waren – vor allem Pelze – an den Missionsstationen der Jesuiten und ernährten sich ausgewogener vom sommerlichen Überfluß der Natur. Bald schon zwangen sie die bevorstehenden langen und harten Wintermonate, sich in kleine Familiengruppen aufzuspalten und in den endlosen Weiten der Labrador-Halbinsel unter härtesten Bedingungen und ganz allein auf sich gestellt das Überleben zu sichern (Abb. 3). Dem Aufbruch im Oktober ging ein großes Fest voraus, bei dem sie sich gegenseitig Glück wünschten für die kommende Winterzeit. Ebenso wurde ein gemeinsames Fest gefeiert, wenn sie sich wieder trafen Ende Juni. Unter diesen Umständen war es ihnen unmöglich, in der Gemeinschaft ausführliche Riten und religiöse Zeremonien zu entwickeln. Deshalb beschrieben die europäischen Missionare die indigene Bevölkerung als äußerst rückständig und primitiv, weil ihnen sowohl eine materielle als auch eine geistig-religiöse Kultur zu fehlen schien.

Die Naskapi wurden von den Jesuiten, die seit dem 17. Jh. in Nordamerika Missionsstationen betreuten, als gutmütige, einfache, freundliche und friedfertige Menschen beschrieben, die willig das täten, worum man sie bitte, vorausgesetzt, man überwache sie. Sie nähmen ihr Leben an, wie es eben sei, ohne Mißtrauen und ohne darüber zu sinnieren oder nachzufragen. Wenn man sie nach der Ursache oder dem Sinn einer Sache frage, bekäme man meistens die gleiche Antwort, nämlich: «weiß nicht», und zwar in einem Ton, der unmißverständlich ihre Meinung wiedergebe, daß man es selber wissen sollte.[40] Sie seien zudem scheu, folgsam und bettelarm und schienen selber keine Fragen zu haben. Anderseits gelten sie als intelligent und aufmerksam, zwei Eigenschaften, ohne die sie niemals in diesem lebensfeindlichen Klima hätten überleben können. Ein Priester wollte einem Naskapi die göttliche Trinität des christlichen Glaubens beschreiben, indem er darauf verwies, daß Vater, Sohn und Heiliger Geist dasselbe seien. Als der Naskapi den Priester auf das Paradox aufmerksam machen wollte, daß Vater und Sohn unmöglich dieselbe Person sein könnten, antwortete der Kirchenmann, daß er das nicht weiter erklären könne, sondern glauben müsse. Der Naskapi ergriff darauf sein Karibufell,

---

[40] SPECK: Naskapi, 8.

machte drei Falten hinein und sagte zum Priester: «Wenn du mir dein Paradox nicht erklären kannst, gebe ich dir meine Ansicht dazu: Diese drei Falten sind verschieden in der Größe, in der Qualität und im Alter, und doch sind sie ein und dasselbe.» Indem er dies sagte, zog er sein Fell straff, worauf die drei Falten verschwanden.[41]

Vor SPECKS Untersuchungen galten die Naskapi unter den Weißen als ausgesprochen primitive und rauhe Menschen.[42] Man traute ihnen keine tiefe Religiosität zu, weil keine entsprechenden Rituale und Zeremonien zu erkennen waren. Die genügsamen Wildbeuter hatten aber einen psychologischen Zugang zu ihrem Lebenshintergrund gefunden, der ebenso einfach, umfassend und wirksam war wie ihre Jagdmethoden. Sie entwickelten im Verlaufe der Jahrtausende eine derart differenzierte geistige Kultur im Umgang mit ihren Träumen, daß sie ihnen das Überleben in einer Umwelt sichern halfen, in der nur sie bestehen konnten.

Die Kosmologie der Naskapi

FRANK G. SPECK hat als erster eine ausführliche religions-ethnologische Feldstudie über die Beziehung zwischen Individuum und Mista'peo bei den Naskapi publiziert.[43] Daneben schrieb er eine Anzahl von weiteren Arbeiten über die Algonkin sprechenden Indianer Kanadas. Seit seiner Zeit hat sich das wissenschaftliche Interesse auf die Ethnologie, auf die Linguistik und auf die Mythologie der Naskapi konzentriert. Proteste gegen hydroelektrische Projekte in ihren Jagdgebieten brach-

[41] Ebenda, 17, Fussnote 22.
[42] Ebenda, 5.
[43] Die folgenden Angaben basieren weitgehend auf dem Buch von SPECK, Naskapi. Neuauflage 1977. Die Seitenzahlen dieser Neuauflage stimmen nicht mit der Erstausgabe von 1935 überein (vgl. Fussnote 4). Neuere Forschungen haben SPECKS Angaben bestätigt.

Abb. 3
Ausschnitt aus der inselreichen Südküste von Labrador im Herbst.

ten die Naskapi ins Bewußtsein einer breiteren Öffentlichkeit. Dies löste neue ethnologische Forschungsprojekte aus, und selbst die Naskapi gaben 1981 eine umfangreiche Untersuchung ihrer eigenen Geschichte in Auftrag. Entsprechend zahlreich sind die inzwischen veröffentlichen Studien über Gegenwart und Vergangenheit der Naskapi.[44]

Die Naskapi entwickelten kein intellektuelles Konzept über ihre Kosmologie. Es werden zwar mythische Erzählungen weitergegeben, aber es gibt bei ihnen keine einheitlichen Bilder über das Jenseits oder über die Wesensart von Göttern. Ebenso fehlen verbindliche Aussagen zum Welthintergrund und zu dessen Wirkkräften. Priester oder angesehene Schamanen existieren ebensowenig wie Häuptlinge oder ein Rat der Alten. Jeder ist für sich selber verantwortlich und ist sein eigener Medizinmann.

Vereinfachend könnten wir die Kosmologie der Naskapi etwa folgendermaßen gliedern:[45]

1. Manitu: das Unbekannte, das Universum, die Naturgesetze, die Geisteskräfte, die übergeordnete Macht.
2. Mista'peo: der große innere Mensch, die Folgen von Manitus Wirken, die Seele, die Verbindung zwischen Mensch und Natur, die Kräfte der Magie, der Hintergrund des Übernatürlichen, die Verbindung zu den geistigen Kräften, die Macht der Magie in der Kunst, beim Orakeln und bei prophetischen Techniken.
3. Minoto'tak: die Ethik, das anständige Verhalten, die Regeln der menschlichen Beziehungen, gesellschaftliche Verhaltensweisen, Bräuche, gemeinsame Riten bei Tänzen und Spielen.

Das oberste kosmologische Prinzip ist Manitu. Niemand weiß, was Manitu an sich ist, denn keiner hat es je gesehen. Es ist das gänzlich Unbekannte, aber es beinhaltet sowohl das Gute als auch das Böse in der Welt. Manitu schuf das Universum und leitet es. Ebenso verkörpert es das Universum, und es umfaßt die Naturgesetze sowie die geistigen und die übernatürlichen Kräfte. Es ist ohne Form oder Bild, ein Abstraktum, das nicht verstanden werden kann. Es ist auch all das in der Welt, was der Mensch nicht versteht. Manitu steht hinter allen Gedanken,

---

[44] Für weitere Literaturangaben siehe: Handbook of North American Indians. Vol. 6, The Subarctic, Washington 1981.
[45] Abgeändert nach SPECK, Naskapi, 1935.

Gefühlen, Einfällen und Erinnerungen. Es ist der kreative Geist, der Geist, der die Vererbung steuert, und der Geist, der in der Natur alles mit allem verbindet. In dieser Hinsicht gleicht es weitgehend dem antiken Eros, dem Prinzip der Beziehung. Weil es einer kosmischen Güte und liebenden Anteilnahme entspricht, muß es der Naskapi nicht durch besondere Zeremonien verehren oder gütig stimmen. Niemals würde er dieses Prinzip verletzen oder verhöhnen.

Ein Naskapi sagte: «Manitu ist ein Geist wie die Sonne, der Mond und die Sterne, welcher alles schuf, einschließlich sich selber.» Er beschrieb das oberste kosmologische Prinzip für die Europäer in Analogien: Manitu sei wie die unsichtbare Energie der Erdanziehung, der Elektrizität, der Wärme oder des Dampfes, der die Lokomotive antreibe. Wenn der Dampf entweiche, werde er sofort unsichtbar. So wirke Manitu in allem. Es sei die unsichtbare Energie, die die Welt in Gang halte.

Der erlebbare und sichtbare Anteil Manitus ist Mista'peo[46], der ‹Great Man›.[47] Er ist eine Folge von Manitus unsichtbarem Wirken im Kosmos. Er ist die Seele, der Schatten und das absolute Wissen der Natur. Das ganze Trachten des Innu geht dahin, seine Seele glücklich zu machen. Mista'peo ist scheu. Er spricht hauptsächlich durch Träume, aber auch durch Zufälle, durch Naturereignisse, durch die Trommel, durch Einfälle und Gedanken, Ahnungen und Einsichten. Er liebt sowohl jede Form von künstlerischem Ausdruck, wie Lieder, Tanz, Schnitzereien oder Malereien, als auch Spiel, Spaß und Witz. Er ist unvergänglich. Sein Wohnsitz liegt im menschlichen Herzen. Die Traumbilder haben die Qualität von Instruktionen, die der Naskapi zu befolgen hat, wenn er weiterhin auf die Unterstützung seines Mista'peo zählen will.

Die Naskapi wissen, daß sie mit jeder Handlung, die dem Mista'peo gefällt, ihr eigenes Überleben fördern. Was immer sie tun, sie tun es in Beziehung zu Mista'peo. Weil sich Mista'peo in den Träumen äußert, ist es ihr erstes Anliegen, ihre Träume zu erfüllen, sei es durch spontanes Reagieren in der Außenwelt oder durch ein sorgfältiges Erwägen des

---

[46] Speck, Naskapi, 26, auch «mistàbeo» geschrieben. Er wird auch «nistut» genannt, was übersetzt das «Gefährtenwesen» oder das «korrespondierende Wesen» heisst. Vgl. dazu P. W. S. Schmidt: Der Ursprung der Gottesidee. Bd. 5, 535.
[47] Speck, ebenda, 33 ff.

Sinnes.[48] Oft ziehen sie ihren Lebenspartner zu Rate, oder sie besprechen ihre Träume mit jemandem, der mehr Erfahrung hat. Sie wissen, daß sich der Mista'peo bemüht, ihnen jede Nacht auf neue und originelle Weise die Botschaften zu schicken, die sie für ihr tägliches Überleben brauchen. Seine Sprache ist eine Bildersprache, die man verstehen muß. Setzt der Naskapi seine Träume um, freut das den Mista'peo, weil er ernst genommen wird, und er wird mehr und deutlichere Träume schicken.

Mista'peo steht im Zentrum ihrer Aufmerksamkeit. Er ist das unbekannte, aber überlegene Wissen in ihnen und fördert gleichzeitig die Entwicklung ihrer einmaligen Persönlichkeit. Er verwaltet ihre Lebensenergie und führt sie durch ihr schwieriges Leben. Deshalb ist der Naskapi verantwortlich und abhängig vom Wohlbefinden Mista'peos. Sein einzig erstrebenswertes Ziel ist es, Mista'peo zufriedenzustellen, «to make my friend, the soul, feel good», wie es ein Naskapi ausdrückte.[49]

Mista'peo sitzt im Herzen jedes Menschen und bedeutet sowohl seine Lebensenergie wie auch seine Beziehungsfähigkeit und sein Gewissen.[50] Ohne Mista'peo ist der Körper leblos. Er nimmt Einsitz im Herzen des Kindes, das im Mutterbauch heranwächst, als Inkarnation eines Ahnen, der seinen Lebenszyklus zu erneuern wünscht. Der Körper der Mutter ernährt und entwickelt ihn, der Samen des Mannes stimuliert ihn. Bei der Geburt ist Mista'peo bereits im Kind enthalten und beginnt auf die Bildung seiner Persönlichkeit einzuwirken. Wenn der Körper eines alten Menschen verbraucht ist, wird Mista'peo ihn verlassen, um sich später aufs neue zu inkarnieren. Der Körper stirbt ab, wenn Mista'peo ihn verlassen hat. Manchmal kann Mista'peo sichtbar werden, wenn er bei magischen Praktiken einen Menschen vorübergehend verläßt. Dann tritt er als Lichtfunken oder als kleine Flamme aus dem Mund aus. Während dieser Zeit liegt der Körper unbeweglich da.

---

[48] Inzwischen haben zahlreiche Autoren die Beobachtungen von SPECK bestätigt, indem sie auf die engen Beziehungen zwischen Mista'peo und den Träumen hinweisen. Vgl. dazu DANIEL CLEMENT: L'homme-caribou: L'analyse ethnoscientifique du mythe. In: Canadian Journal of native Studies, Vol. XI/1, 1991, 55f.

[49] SPECK: Naskapi, 34.

[50] Paulus sagt (Röm 2, 14–15): «Denn wenn die Heiden, die das Gesetz nicht haben, von Natur tun, was das Gesetz enthält, so sind diese, die das Gesetz nicht haben, sich selbst ein Gesetz, da sie ja zu erkennen geben, daß das Werk des Gesetzes in ihre Herzen geschrieben ist, indem auch ihr Gewissen dies bezeugt und ihre Gedanken sich untereinander anklagen oder auch verteidigen.»

Gesundheit, Jagdglück, ein langes Leben, eine glückliche Familie, gute Freunde, Kinder und Enkelkinder sind Zeichen eines Lebens im Einklang mit den Anliegen des Mista'peo. Anderseits zieht sich der Mista'peo zurück, wenn man die Träume vernachlässigt oder seine Anweisungen nicht ernst genug nimmt. Damit verliert der Naskapi allmählich seinen inneren Führer, sein überlegenes Naturwissen und seine Vorsehung. Letztlich ist er dadurch zu Mißgeschicken, Hunger, Krankheit und Tod verurteilt. Er wird also alles daran setzen, seinen Mista'peo glücklich zu machen. Seine Aufmerksamkeit ist deshalb auch stets nach innen gerichtet, weil er weiß, daß die Quelle seines Lebens aus seiner Seele fließt. Die äußere Welt ist nicht unbedeutend, aber zweitrangig. Deshalb ist die Feststellung der älteren Ethnologen verständlich, den Naskapi fehle jede Neugier und sie hätten kein Verlangen, etwas zu lernen, worüber sie nichts wüßten. Die Europäer fühlten sich mit ihrem Wissen um die äußeren Dinge überlegen und wunderten sich über den scheinbaren Mangel an Interesse bei den Eingeborenen. Sie konnten damals nicht wissen, daß der Naskapi die stille Gewißheit hatte, alles von seinem Mista'peo zu lernen, was für sein Leben wichtig werden könnte, sogar das Verstehen seiner Träume.[51]

Zwei Anforderungen mußte der Naskapi genügen können, um zu überleben. Die eine bestand darin, seinen Mista'peo zu aktivieren, indem er ihn zufriedenstellte, die andere erschöpfte sich in der täglichen Arbeit[52] (Abb. 4). Letztere bedeutete für den Mann vor allem das Jagen von Großwild, Fischen und das Fallenstellen sowie, die dafür gebrauchten Geräte anzufertigen und zu pflegen. Für die Frau hieß das: Jagen von Kleintieren, Sammeln von Feuerholz und pflanzlicher Nahrung sowie, den Unterhalt des Feuers, der Unterkunft und der Kinder zu sichern. Beide Anforderungen waren gleich wichtig und untrennbar miteinander verbunden. Jede äußere Tätigkeit schloß auch einen spirituellen Aspekt mit ein. Damit wußte sich der Naskapi in jedem Augenblick angeschlossen an die diesseitige und an die jenseitige Welt. In einer irrationalen Weise beeinflußten sich dann die beiden Welten gegenseitig zum Vorteil des Menschen. Diese Gewißheit begleitete den Naskapi in allen täglichen Handlungen (Abb. 5).

---

[51] «Et c'est alors que Mistapeu leur enseigna vraiment quoi faire [...]. Il leur enseigna à comprendre les rêves. Il y en a de bons, d'autres qui ne le sont pas.» Aus SILVIE VINCENT: Récits de la terre montagnaise. Miméo. Manuscrit déposé au ministère des Affaires Culturelles, Québec 1978, 57.

[52] Das erinnert uns an das «ora et labora» (bete und arbeite) der Benediktinermönche.

Abb. 4
Oben eine Gruppe von Naskapi-Indianer vor ihrem Sommerzelt aus Birkenrinde und unten ein Winterzelt aus Karibufellen.

Das Aktivieren des Mista'peo

Für die Naskapi ist Träumen ein religiöser Vorgang.[53] Dabei steht nicht der Glaube im Vordergrund, sondern die Erfahrung. Aus der Tradition der Naskapi und aus persönlichen Erlebnissen weiß jeder um eine Kraft und ein Wissen in seiner eigenen Seele, die weit über ihn hinausgehen. Er unterzieht sich natürlich und bescheiden seinem ihm überlegenen seelischen Hintergrund und versucht nach besten Kräften, diesem gemäß zu leben.

Die religiöse Tradition der Naskapi ist ein einzigartiges Beispiel dafür, daß ein Individuum bei größtmöglicher Berücksichtigung einer transzendenten Macht gleichzeitig seine größtmögliche persönliche Freiheit und Individualität beibehält. Sie bleibt unberührt von menschlichem Machtmißbrauch, weil jeder seine eigene Verantwortung tragen muß, so gut er kann. Ihre Gesellschaft stellt das Individuum und seine individuelle Beziehung zu Mista'peo ins Zentrum und schafft damit eine von Ethik getragene Lebensgemeinschaft. Kollektive Moralvorstellungen werden ersetzt durch eine persönliche Ethik, das heißt ein persönliches Gewissen, das nicht vom momentanen Dafürhalten des Einzelnen abhängt, sondern von der Haltung Mista'peos.

Sogar ihre Mythen können mit einem Traum beginnen, der sich danach schrittweise erfüllt. So träumte der Held im Mythos vom Karibu-Mann von einem Berg, an dessen Fuß sich viele Karibus aufgehalten hatten. Er hielt sich vor den Karibus versteckt. Da kam eine junge Karibu-Frau auf ihn zu. Im Traum war er mit ihr verheiratet. Der Mythos fährt fort mit den Worten: «Danach ging er auf die Jagd, und all das, was er im Traum gesehen hatte, ereignete sich.»[54] Der Mythos schildert danach in vielen Einzelheiten die Annäherung zwischen dem Mann und seiner Tierseele, mit der er sich zwingend verbinden muß. Da es ihm der Traum ankündigte, mußte sich sein Schicksal erfüllen.

Der Naskapi, dessen tägliches Leben ganz in der äußeren Natur eingebettet ist, kann nur überleben, wenn er sich verbindlich mit seiner eigenen Seele, mit seiner eigenen inneren Natur einläßt. Aus seinem unbewußten Wissen schöpft er ununterbrochen alles das, was ihm das Überleben ermöglicht. Als Karibu-Mann wird der mythische Held zu

---

[53] SPECK: Naskapi, 187.

[54] CLEMENT: L'homme-caribou, 52.

einem Tier mit Bewußtsein oder zu einem instinktsicheren Menschen. JUNG kommentiert die Hybris zwischen Natur und Kultur des modernen Menschen mit der vorsichtigen Annahme, daß der Mensch künftig wohl wieder zum Tier werden müsse, aber zu einem Tier mit Bewußtsein.[55]

Jeder Naskapi erwirbt sich das notwendige Wissen für sein ganzes Leben aus seinen Träumen. Deshalb wird das Träumen zu seiner wichtigsten Sache. Die Informationen aus ihren täglichen Träumen machen für sie moderne Medien überflüssig, von denen wir glauben, sie würden uns das zum Leben notwendige Wissen liefern. In früheren Jahrhunderten erwarteten die Menschen bei uns ihre moralischen Richtlinien und Lebenshilfen von den Vertretern der Kirche. Der Naskapi dagegen weiß aus eigener und aus tradierter Erfahrung, daß er Ermahnungen und Ermunterungen während seines ganzen Lebens zuverlässig aus seinen Träumen bekommt. Häufig zu träumen betrachtet er deshalb als ein Geschenk, und er versucht soviel wie möglich aus seinen täglichen Träumen zu erinnern. Oft bespricht er seine Träume sofort nach dem Erwachen mit seinem Ehepartner, um sich richtig auf den kommenden Tag einstellen zu können, denn als besonders aufschlußreich erscheint ihm der finale Aspekt der Traumbilder, der in die Zukunft weist.

Dazu gehört in erster Linie der Gefühlston des Traumes, wodurch sich der Naskapi ermuntert oder ermahnt fühlt. Allgemein sind die häufigsten Kommentare nach einem Traum entweder: «das ist ein guter Traum» oder «das ist ein schlechter Traum». Träumt der Naskapi von einem guten Freund oder von einer Frau, die er schätzt oder liebt, sind das gute Träume, die als gutes Omen für die Zukunft verstanden werden. Träumt er aber von einer Alten, nimmt er das als Warnung vor Unglück oder daß ihm etwas Unangenehmes begegnen werde.[56] Träumt er, daß seine Frau mit seinem Freund schläft, ist er zuversichtlich, denn der Traum zeigt ihm, daß sein Freund von seiner Frau in die Familie aufgenommen worden ist – ein Relikt eines sexuellen Freundschaftsritus für einen Gast.[57] Aus JUNGscher Sicht könnten wir dazu kommentieren, daß das Leben des Träumers wohl einen Zuwachs an männlichen Möglichkeiten erhält, die von seinem Gefühl oder seiner

---

[55] C. G. JUNG: Nietzsche's Zarathustra. Notes of the Seminar Given in 1934–1939, Vol. 2, 966ff. und 1412f.
[56] SPECK: Naskapi, 190.
[57] Ebenda, 189.

Seele liebevoll angenommen werden, daß sich sein Leben also schöpferisch erweitern möchte. Ohne daß wir die persönlichen Assoziationen zu den Träumen im Einzelnen kennen, scheinen die Naskapi ihre Träume nicht grundlegend anders gedeutet zu haben, als wie sie auch im JUNGschen Sinn verstanden werden könnten.

Bereits 1624 schrieb ein französischer Missionar nach Hause: «Träume werden bei den Naskapi als Prophezeiung, Inspiration, Gesetz und Befehl verstanden und führen sie im Frieden und im Krieg, beim Handeln, beim Fischen und beim Jagen. Eltern träumen für ihre Kinder, der Dorfälteste für sein Dorf.»[58] Ein amerikanischer Anthropologe schrieb 1853: «Die Naskapi befolgen ihre Träume mit der größtmöglichen Genauigkeit, indem sie nur die Folgen berücksichtigen, die zur Erfüllung des Traumes führen, und alle andern völlig außer acht lassen.»[59]

Wenn die Träume ihr Überleben sichern helfen, so ist es nicht weiter erstaunlich, daß Träume über die Jagd zu den wichtigsten Botschaften des Mista'peo gehören, denn die Naskapi sind ständig von Hunger bedroht. Das Träumen von Beutetieren wird mit einem besonderen Verb ausgedrückt: «Jagdträumen!»[60] Träume mit wichtigen Jagdtieren wie Karibu (Abb. 8), Bär (Abb. 6) und Biber werden als große Träume bezeichnet.

Folgender großer Traum, erzählt von einem Naskapi in seinem Algonkin-Dialekt im Jahre 1915, soll als Beispiel dienen.

> «Von einem Biber träumen, nennen wir ‹groß-träumen›. Ein Indianer schlief, und er träumte, daß ein Mann auf ihn zukam. Er träumte: Es war, als ob er nahe zu mir komme und als ob er mir einen Biber gebe. Er träumte, daß er die Haare des Bibers wegbrennen werde. Aber er träumte, daß ihm der Mann befahl: ‹Schneide nur die Wirbelsäule heraus, und dann koche ihn ganz. Und wenn er gekocht ist, lege ihn in deinen Birkenrindenteller. Verwende kein Messer beim Essen. Du weißt, wie es Kurz-Schwanz (das heißt „der Bär") macht, wenn er ißt. Mache es wie er, wenn du ißt. Dann iß also. Und verlasse ihn nicht bis zum nächsten Morgen. Du weißt, daß dort drüben ein Berg ist.› Dabei zeigte er auf

---

[58] Ebenda, 190.
[59] Ebenda.
[60] Ebenda, 187.

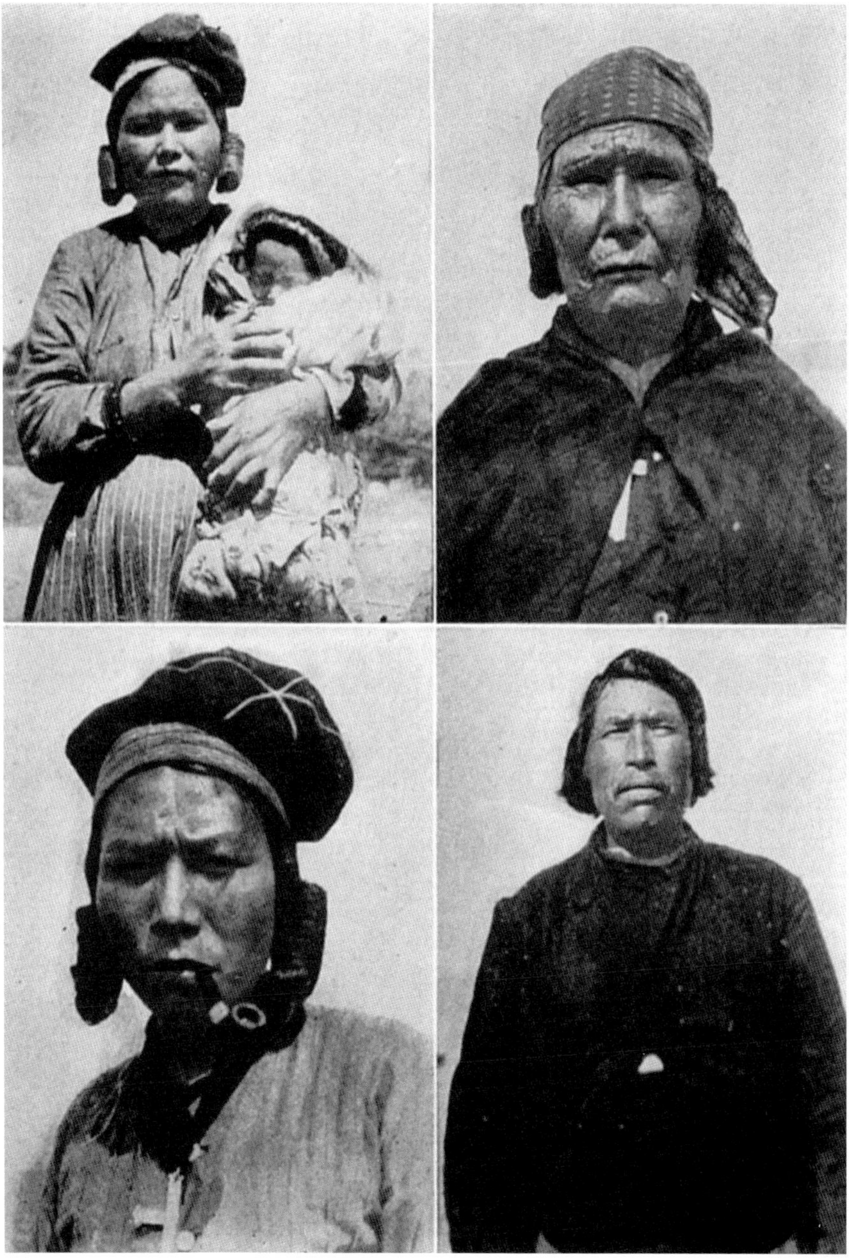

Abb. 5
Frauen und Männer der Montagnais-Naskapi.

einen weit entfernten Berg. ‹Dorthin wirst du gehen.› Ich meine, all das hat er mir erzählt. ‹Du wirst nach einer Birke Ausschau halten, die sich genau gegen Norden neigt. Dort unter der Wurzel, dort unten wirst du versuchen, deine Nahrung zu bekommen für deine Kinder (das heißt mehr Biber).›

Am Morgen, als er erwachte, sagte der Jäger: ‹Ich jagdträumte letzte Nacht!› – ‹Was hat er wohl geträumt?› dachte seine Frau und fragte ihn. Dann schaute ich nach in meinen Biberfallen. Und dort war ein großer Biber gefangen. Das war wirklich der, den ich letzte Nacht in meinem Traum gesehen hatte. Dann trug ich ihn zurück in mein Lager, und als ich dort angekommen war, habe ich ihm die Haare abgebrannt, und dann aß ich ihn. Am nächsten Tag bin ich aufgebrochen, und ich ging zu der Stelle, die der Mann in meinen Träumen angegeben hatte. Ich kam auf der anderen Seite des Berges an und fand nicht viel anderes als Birken, die da standen und sich in verschiedenen Richtungen neigten. Wo sollte ich graben und nach ihr suchen (nach derjenigen nämlich, die so geneigt war, wie es der Traum angegeben hatte)? Mach dir keine Sorgen! Schließlich ging ich geradeaus, und während ich ging, sah ich die Birke, die sich nach Norden bog. ‹Also sicherlich, das ist sie›, dachte ich. Und als ich neben ihr stand, rauchte ich zuerst einmal. Und als ich fertig geraucht hatte, schaufelte ich den Schnee weg. Und dort fand ich die Nahrung für meine Kinder (das heißt den Biber, der mir im Traum versprochen worden war). Ich erhielt auf diese Weise große Unterstützung von ihm, der mich ernährte (meinem Traumgeist, meinem ‹Great Man›) – es war der Großfuß (wie wir dem Bär sagen). Es ist allgemein bekannt, daß wenn der Biber kommt, um etwas zu erzählen, er nicht umsonst spricht. Er ist wie ein großer Prophet. Dann will er seinen Teller aus Birkenrinde (denjenigen, aus dem der Biber gegessen wird vom Jäger), so daß er hübsch anzusehen ist mit seinen Verzierungen. Wenn alles so gemacht worden ist, wie er es gerne hat, dann vergißt er nie, eine neue Unterstützung zu schicken. Er hat es aber nicht gerne, wenn sein Fleisch zusammen mit dem Fleisch von anderen Tieren in dem Geschirr gekocht wird, das ihm vorbehalten sein soll, nur sein eigenes Fleisch soll daraus gegessen werden.»[61]

An diesem Beispiel ist vielleicht die genaue Übereinstimmung von Trauminhalt und Wirklichkeit verblüffend für uns, aber nicht für den

[61] Ebenda, 114f.

Jäger. Er scheint ähnliche Erfahrungen schon früher gemacht zu haben oder kennt solche vielleicht aus Erzählungen seiner Vorfahren. Zweimal erscheint der Mista'peo im Traum. Am Anfang des Traumes macht er ihn auf den Biber aufmerksam, der am nächsten Morgen in seiner Falle liegt. Danach verweist er auf den anderen Biber, den er unter einer Birke finden werde, die sich nach Norden neige.

Es scheint aus der Erzählung hervorzugehen, daß der Mista'peo entweder selber als Biber spricht oder der Mista'peo des Bibers seine Anweisungen im Traum gibt. Laut den Erfahrungen der Naskapi besitzen nämlich auch die Tiere ihren Mista'peo. Nur wenn der Mista'peo des Tieres einverstanden ist, kann und darf der Naskapi die Beute jagen. Dem Beutetier muß mit Ehrerbietung begegnet werden, und gewisse Regeln müssen beim Zubereiten und beim Essen berücksichtigt werden. Dann wird der Mista'peo des Bibers zufriedengestellt, und er wird dem Jäger weitere Hinweise zur Jagd schicken. Das erfolgreiche Jagen gründet demnach auf der Zusammenarbeit zwischen dem Jäger und seinem Mista'peo sowie dem Mista'peo des Tieres (Abb. 7). Letzterer kommuniziert mit dem Jäger hauptsächlich durch die Träume. Mann und Frau besprechen häufig ihre Träume, um die Botschaften des Mista'peo richtig zu verstehen. Davon hängt ihr Leben ab.

Nicht nur Männer träumen große und wichtige Jagdträume. Frauen werden in keiner Weise vom Jagen ausgeschlossen. In jeder Gruppe finden sich zum Beispiel Witwen, die genauso erfolgreich jagen wie die Männer, was voraussetzt, daß auch sie jagdträumen. SPECK erzählt das Beispiel von Old Marie Louise, die während mehr als vierzig Jahren alleine gelebt hatte und deren Jagderfolge im Durchschnitt ebenso groß waren wie diejenigen der Männer. Sie verlor ihr Leben, weil sie im Frühjahr auf dem dünnen Eis einbrach, als sie aus ihren Jagdgründen zurückkehrte.[62]

Nicht immer kann ein Traum bedenkenlos in die Wirklichkeit übersetzt werden. Manchmal verlangen Träume nach einer Interpretation. MARIE-LOUISE VON FRANZ bespricht folgenden Traum eines Naskapi[63]:

---

62 SPECK: Naskapi, 73. – Als ich diese Sätze mit Tinte auf meinen Notizblock niederschrieb, fiel aus einem nur mäßig mit Wolken durchzogenen Himmel ein einzelner schwerer Regentropfen auf den eben verfaßten Satz über Old Marie-Louise. Natürlich dachte ich in dem Moment an MARIE-LOUISE VON FRANZ, die ein Leben lang alleine und äusserst erfolgreich – geistig – gejagt hatte!

63 VON FRANZ: Wissen aus der Tiefe, 47 ff.

«Ein Naskapi-Mann träumte einmal, daß seine Frau mit einem Fremden geschlafen habe. Als er aufwachte, dachte er darüber nach und sagte: ‹Ah, heute werde ich ein Karibu (Abb. 8) erlegen!›»

Auf den ersten Blick verblüfft diese Schlußfolgerung. VON FRANZ schreibt dazu:

«Wie die Eskimos haben die Naskapi den Brauch, daß sie, wenn ein Fremder kommt, ihm für die erste Nacht ihre Frauen anbieten; es ist eine Variation des jus primae noctis. Psychologisch gesehen ist der Fremde ein gefährlicher Eindringling, etwas, vor dem sich die Primitiven immer fürchten. Was wird er bringen? Wird er unser Leben stören? Ihre Furcht wird noch dadurch verstärkt, daß Weiße oder andere Fremde oft eine neue Krankheit bringen. Vor nicht langer Zeit hatten diese Menschen eine schreckliche Grippewelle; einer hat sie bei den Weißen aufgelesen und die andern angesteckt, und da sie gegen die Grippe nicht immun waren, starb der halbe Stamm. Das ist vielen Eskimostämmen passiert. Deshalb ist nach ihrer Erfahrung ein Fremder eine physiologische und psychologische Bedrohung, der sie zu begegnen versuchen, indem sie ihre Frauen anbieten. Das gibt das Gefühl, als gehöre der Fremde zur Familie und könne keinen Schaden anrichten, er ist nun gnädig gestimmt.

So träumte also ein Naskapi, daß seine Frau mit einem Fremden schläft. Als er aufwachte, dachte er darüber nach und sagte: ‹Ha, heute werde ich ein Karibu erlegen!› Der Ethnologe Frank Speck, der diese Geschichte erzählt, sagt leider nicht, wie der Mann zu diesem Schluß kam. Er bedrängte ihn nicht und fragte ihn nicht aus, aber wenn man primitiv genug ist, sieht man sofort, wie der Mann aus dem Traum folgerte: nämlich daß etwas Neues in sein Leben eindringt und seine Frau damit schläft; also muß es etwas Positives sein und nichts Gefährliches – also würde an diesem Tag etwas Neues und Positives geschehen.

Abb. 6
Ein Schwarzbär auf Nahrungssuche. Sie schlafen im Winter viel, machen aber keinen Winterschlaf.

Da er fast am Verhungern war, mußte das einzig Positive, das geschehen konnte, das Erlegen eines Karibu sein, denn das bedeutete Überleben für die nächsten zwei Wochen. Diese Menschen leben von Woche zu Woche. Sie rechnen ständig mit dem Tod und leben von jedem Bären und jedem Karibu, die sie töten. So schlimm ist die Lage, und darum: ‹Ich werde ein Karibu erlegen!› Er schoß tatsächlich eins und machte ein Lied daraus: ‹Meine Frau schläft mit einem Fremden, und ich werde ein Karibu erlegen.› Dies ist ein magisches Lied, das von vielen anderen Leuten des Stammes lange Zeit nachgeahmt wurde, um die Situation vom Erlegen eines Karibu herbeizuführen, während es ursprünglich einfach ein psychisches Ereignis war, der Traum eines Naskapi-Indianers.»[64]

Solche Träume sind für die Naskapi große Träume, weil sie ihnen das Überleben sichern. Sie zeigen auf, in welcher Richtung das Leben sich weiter entwickeln kann. Auch unsere großen Träume zeigen dasselbe, sie geben nämlich eine Richtung an, in welcher sich unser Leben entfalten könnte. Die Naskapi verstehen ihre Träume im Umfeld ihres Lebens in der äußerst kargen Natur der Labrador-Halbinsel. In gleicher Weise müssen wir unsere Träume im Kontext unseres Lebens verstehen. Der wesentliche Unterschied liegt also weniger in der Interpretation des Traumes, sondern in den besonderen Lebensumständen und in dem Umfeld, in dem er geträumt wird. Wie VON FRANZ sagt, müssen wir nur natürlich genug sein, um die richtigen Schlüsse daraus ziehen zu können. Für uns wie auch für die Naskapi folgt dann der Schritt, ohne den die beste Interpretation bedeutungslos wird. Wir müssen die richtigen Konsequenzen ziehen, die hemmende Angst durchstoßen und etwas wagen. Der Naskapi macht sich auf den Weg, um die eine Birke zu suchen, wo der Biber unter dem Schnee versteckt ist. Als er sie findet, raucht er zuerst eine Pfeife. Er ist am Ziel angekommen. Der Rest ist schnell erledigt.

Es ist tatsächlich so, daß die Naskapi ihre Träume nicht immer, aber häufig auf der Objektstufe verstehen, das heißt, sie betrachten sie als ein Abbild der äußeren Wirklichkeit, auf die sie der Traum richtig einstimmt und zum Handeln aufmuntert. Wie wir gesehen haben, verlangt mancher Traum von ihnen aber auch eine subjektstufige Deutung, näm-

---

[64] Ebenda, 47ff.

lich die Einsicht in den Traum als ein inneres Drama. Ein weiteres Beispiel soll das verdeutlichen:

Ein Indianer träumte, daß er einen französischen Priester ermordete.[65] Am Morgen beklagte er sich laut, daß er verloren sei, weil er den Traum unter allen Umständen erfüllen müsse. Würde er nämlich den Willen des Mista'peo befolgen, müßten ihn die Weißen hängen, befolgte er ihn aber nicht, würde ihn Mista'peo verlassen, was auf das gleiche herauslaufen würde. Schließlich beruhigte sich der Träumer erst, als er einen Gegenstand eines kürzlich verstorbenen Franzosen erhielt. Er bekam einen Mantel, der ihn stets an den toten Priester erinnern sollte.

Der Traum als inneres Drama genommen bedeutet, daß der Indianer seinen inneren französischen Priester, eine unangemessene religiöse Geisteshaltung oder Auffassung, bekämpfen und auslöschen müsse, weil diese für sein Leben als Jäger in der Wildnis untauglich und bedrohlich würde. Eine Lebenshaltung, die in Europa erfolgreich war, konnte niemals für das Überleben eines Indianers im harten Winter des Nordens taugen. Wenn er überleben wollte, mußte er diese fremden Ansichten liquidieren. Im Angesicht des Mantels, der leeren Hülle eines toten Priesters, mußte er fühlen und verstehen lernen, daß diese fremde Haltung für ihn Tod und nicht Leben bedeutet. Dazu wollte ihn sein Mista'peo auffordern. Der Traum verlangte nach einer Deutung und einer Folgerung. Durch den Mantel wurde das richtige Gefühl des Naskapi für die Traumbotschaft verstärkt. Sie meinte Tod und Verderben. Daran wurde der Träumer nachhaltig erinnert.[66]

Auch wir müssen nach einem Traum fragen: Was muß ich tun? Zu was bin ich aufgefordert? Was will das Unbewußte von mir? Wie JUNG auf dem oben erwähnten Tonband ausführt, ist es oft besser, in einer Krisensituation das Beste zu tun, zu dem wir im Stande sind, auch wenn

---

[65] Es handelt sich um den Traum eines Irokesen, aus ANTHONY F. C. WALLACE: Dreams and the Wishes of the Soul: A Type of Psychoanalytic Theory among the Seventeenth Century Iroquois. American Anthropologist, Vol. 60, 1958, 240.

[66] Ein Lehrer aus Zentralchina vergiftete zahlreiche Menschen, die zum Teil starben, weil ihm im Traum von einem alten Mann mitgeteilt worden war, er müsse 12 Menschen umbringen, um wieder ganz von seiner schweren Krankheit zu genesen. Er hatte seinen Traum als konkrete Aufforderung verstanden und sich damit zum Massenmörder gemacht. Vielleicht meinte der Traum vielmehr, dass er gewisse Eigenschaften oder Gewohnheiten in seinem eigenen Leben hätte zum Verschwinden bringen müssen, um gesund weiterleben zu können (aus einer Agenturmeldung in verschiedenen Zeitungen vom 19.3.2001).

Abb. 7
Traum eines Jägers, auf eine Birkenrinde gezeichnet: Die zwei einander gegenübergestellten Bären könnten den wirklichen Bär (oben) sowie dessen Mista'peo (unten) darstellen.

es sich im nachhinein als falsch erweisen sollte, als gar nichts zu tun. Weil dann der ‹Great Man› erkenne, daß er ernst genommen werde, schicke er als Antwort einen neuen Traum. JUNG schreibt in seiner Autobiographie, es scheine, «als ob Taten und Entwicklungen im irdischen Leben die entscheidenden Ereignisse seien».[67] Neben dieser Auffassung, die nach einer Tat ruft,[68] besteht aber auch die Notwendigkeit, den archetypischen Sinn hinter einer Serie von Träumen zu erahnen und zu verstehen. Nur allmählich läßt sich die geheimnisvolle Absicht erkennen, die hinter dem Zusammenspiel der inneren und der äußeren Geschehnisse stehen. Vielleicht gelingt es Schritt für Schritt, sich dem archetypischen Sinn anzunähern, der hinter einem Leben steht, indem wir lernen, die entscheidenden Symbole zu sehen und zu verstehen.

Beide Ebenen der Trauminhalte zu berücksichtigen, gehört wohl zum Schwierigsten und Wichtigsten bei der Interpretation von Träumen.[69] Das eine Extrem führt zu einem standpunktlosen Versinken und Gefangensein im Archetypischen und zu einer inflatorischen Entfremdung vom realen Leben. Diese Einseitigkeit verhindert den gesunden Lebensfluß und lähmt die Kreativität. Das andere Extrem führt zu Verstrickungen im realen Leben und zur Entfernung vom tieferen Sinn des Lebens. Diese Einseitigkeit verhindert ebenfalls den gesunden Lebensfluß. Sie treibt Menschen in einen ungesunden Materialismus als Kompensation zu einem zunehmenden Gefühl der Sinnlosigkeit. Einerseits ist es wichtig, natürlich und praktisch genug zu sein, um die konkrete Bedeutung eines Traumes zu erkennen und umsetzen zu können, anderseits ist es ebenso wichtig, den tieferen Sinn des allgemein menschlichen Aspektes der Träume aufzufassen. Der archetypische Hintergrund bewegt letztlich alles Leben vorwärts und gibt dem besonderen Schicksal seine einmalige Form. Das hat der Naskapi seit alters erfahren, denn es ist das Wissen um dieses Geheimnis, das ihn überleben läßt.

Gelingt es dem Naskapi nicht, den Inhalt seines Traumes zu verstehen, obwohl er ihn mit anderen aus der Gruppe, die mehr Erfahrung haben, besprochen hat, so greift er zu einer weiteren Methode, um die

---

[67] Vgl. C. G. JUNG: Erinnerungen, Träume, Gedanken. Hrsg. von ANIELA JAFFÉ, 308.
[68] Paulus sagt (Röm 2, 13): «Denn nicht die Hörer des Gesetzes sind gerecht vor Gott, sondern die Täter des Gesetzes werden gerechtgesprochen werden.»
[69] Persönliche Mitteilung von MARIE-LOUISE VON FRANZ.

Botschaft seines Mista'peo zu entschlüsseln. Er hält ein Schulterblatt eines Beutetieres über das Feuer, bis es durch die Hitze an den dünnsten Stellen zu bersten beginnt. Schulterblätter gehören zu den Knochen, die den größten Formenreichtum aufweisen, und vor allem die vordere und die hintere Fläche bestehen aus papierdünnen Knochenschichten, die leicht reißen. Dadurch wird die Formenvielfalt der Risse im Schulterblatt unbestimmbar groß. Er interpretiert die Rißlinien nach bestimmten Kriterien sowie mit seiner Intuition. Er erkennt zum Beispiel in den Rissen und im Relief des Schulterblattes eine bestimmte Landschaft seiner Umgebung und versteht dies als Hinweis, dort sein Jagdglück zu versuchen. Oder er konzentriert sich auf die chaotische Struktur der Risse, bis ein anderes Bild aus seiner Seele diese überlagert und ihm neue Einsichten in den Traum bringt. Diese Art von Divination bedeutet für den Naskapi soviel wie ‹die Seele betrachten› und gibt ihm eine weitere Möglichkeit, die Anweisungen des Mista'peo genauer zu verstehen und zu befolgen.[70]

MARIE-LOUISE VON FRANZ gibt zu diesem Vorgang eine Erklärung: «Auf ein chaotisches Muster zu blicken ist, als lege man seinen Geist für eine Minute schlafen, um eine Information über das zu bekommen, worüber man im Unbewußten träumt oder phantasiert. Durch das absolute Wissen im Unbewußten erhält man dann Informationen über seine innere oder äußere Situation.»[71] Kritzeleien auf dem Notizblock neben dem Telefon zum Beispiel können erstaunliches Wissen ins Bewußtsein heben. Dasselbe wie der Naskapi tun wir auch, indem wir nach einem unverständlichen, aber bedeutenden Traum auf äußere Zeichen achten, ein Bild malen, eine Tarotkarte ziehen, das I-Ging befragen oder ein Horoskop erstellen. Wir versuchen auf anderen Wegen, ‹in die Seele zu blicken›, um zu weiteren Informationen aus dem Unbewußten zu gelangen.

Die auserwählten und berufenen Menschen, die zum Wohle der Gemeinschaft mittels bestimmter Techniken mit der Seele, mit dem Jen-

---

[70] Diese Methode war auch in Europa seit der Antike als Skapulomantie oder Schulterblattschau bekannt und kann auf Grund von Grabungsbefunden bis in das Neolithikum zurückverfolgt werden. (Vgl. dazu ELISABETH MARTI-GRAEDEL, SABINE DESCHLER, YVONNE GERBER, JÖRG SCHIBLER: Schamanismus am Bodensee? Archäologisches Korrespondenzblatt 32, 2002, Heft 1. – Leider wird in dieser Arbeit der Begriff Schamanismus mit Divination gleichgesetzt.

[71] VON FRANZ: Wissen aus der Tiefe, 55.

seits oder mit Geistern und Dämonen in Verbindung treten, heißen bei Naturvölkern Schamanen, Medizinmänner oder einfach Heiler. Die Jenseitsreise kann der Heiler dabei in einer Extase oder in einer Trance erleben. Durch ihre einsame Lebensweise während der langen Wintermonate haben die Naskapi keine erfahrenen Schamanen zur Verfügung. SPECK erwähnt aber an mehrerern Stellen in seinem Buch Zauberer oder Schamanen. Viele der von ihm aufgeführten Beispiele zeigen, daß bei den Naskapi wohl alle die Möglichkeit haben, für sich alleine und für ihre kleine Lebensgemeinschaft als Heiler zu wirken, und zwar dank ihrer unmittelbaren individuellen Beziehung zu Mista'peo. Die enge Beziehung zum kollektiven Unbewußten läßt sie Dinge sehen oder wissen, zu denen sie mit rationalen Mitteln keinen Zugang finden. Ein Naskapi setzte sich zum Beispiel durch Trommeln und Singen in Trance, um sein Herz zu stärken, worin sein Mista'peo weilt.[72] Das aktivierte seinen Mista'peo, der ihm danach bessere Träume oder Zeichen schickte.

Der Naskapi weiß, daß es gut ist, alles zu tun, was den Mista'peo freut. Er freut sich über jede Form von Vergnügen beim Spielen, beim Tanzen, beim Singen, beim Trommeln oder beim Rasseln. Er wird gestärkt durch diese Handlungen. Besonders liebt er jede Art von kreativen Tätigkeiten (Abb. 7, 9, 10, 11) und reagiert, indem er sich häufiger durch Träume mitteilt.

Vor allem in den warmen Sommermonaten haben die Naskapi Zeit für allerlei Vergnügen. Beim Spielen liebt es Mista'peo, wenn die Menschen lachen und scherzen. Vom Rhythmus der Trommeln und Rasseln angefeuert, bewegen sich die Naskapi in Kreistänzen, bei denen jung und alt teilnehmen können, oder in Tänzen, bei denen sich Männer und Frauen gegenüberstehen. Sie stellen dabei einen deutlichen

---

[72] SPECK: Naskapi, 178.

Abb. 8
Ein Karibu durchquert einen Fluß. Die Tiere versammeln sich im Herbst zur Brunstzeit zu riesigen Herden und ziehen im Winter auf der Suche nach Nahrung durch weite Gebiete.

Stimulus fest, den sie als ein Erwachen und Mitmachen des Mista'peo deuten. Ein Naskapi meinte: «Tanzen ist eine Medizin!»[73] Er verbindet sich auch mit seinem Mista'peo durch das Rauchen einer Pfeife oder durch das Trinken von Bärenfett. Beide Handlungen speisen seine Seele und veranlassen diese, für ihn zu arbeiten.[74]

Überhaupt ist für den Naskapi der Verlust seiner Gesundheit ein Anzeichen dafür, daß ihn sein Mista'peo verlassen hat. Also wird er alles daran setzen, ihn wieder für sich zu gewinnen und ihn mit allen ihm zur Verfügung stehenden Mitteln zu aktivieren, vor allem durch singen und trommeln. Denn allein durch die Anteilnahme seines Mista'peo wird es möglich, seine Gesundheit auf die Dauer zu erhalten. Daneben kennt der Naskapi eine Vielzahl von natürlichen Heilmitteln, die er bei Verletzungen auf Wunden legt oder einnimmt. Bei Schwellungen und Schmerzen wird häufig die Haut geritzt, so daß sie leicht blutet, oder es wird geblasen. Die Naskapi tragen zudem die verschiedensten apotropäischen Amulette, die sie vor Krankheiten und Unglück schützen sollen. Oft haben sie ihr besonderes Aussehen geträumt.[75]

Die Trommel ist mehr als ein Objekt. Sie ist ein lebendiger Organismus, dessen Schwanz und dessen Kopf die beiden Felle sind. Der Holzreifen ist der Körper. Über den Boden der Trommel sind Sehnen gespannt, an denen gelegentlich kleine Objekte wie Knöchlein oder Federkiele befestigt sind. Damit ‹singt› die Trommel beim Schlagen.[76] Diese gesungene Sprache der Trommel kann der Trommler verstehen. Wenn der Trommler einen starken Mista'peo hat, wird ihm dieser durch den ‹Gesang› der Trommel über die Zukunft berichten. Gelegentlich fällt er beim Trommeln in Trance. In diesen Zustand leitet der Trommler nach längerem intensivem Trommeln über, indem er das Trommelfell mit dem Zeigefinger an fünf Punkten anschlägt, und zwar im Zentrum der Trommel sowie oben und unten je links und rechts. Dieses imaginäre Quadrat im Kreis der Trommel mit dem Mittelpunkt bildet ein Mandala und entspricht der Quadratur des Kreises, einem weltweiten Symbol für die vereinten Gegensätze in der Ganzheit des Gottesbildes. Wir werden diesem Symbol bei der Beschreibung der Malereien der Naskapi nochmals begegnen.

---

[73] Das Heilende liegt im Schwitzen, was sich auch im häufigen Gebrauch der Schwitzhütte ausdrückt, vgl. SPECK: Naskapi, 186.
[74] SCHMIDT: Der Ursprung der Gottesidee, 536.
[75] SPECK: Naskapi, 238.
[76] Diesem Trommeltypus entspricht bei uns die «Snare».

Manchmal wird ein Naskapi durch das Ertönen einer Trommel im Schlaf geweckt. Dann muß er aufstehen und trommeln, damit er verstehen kann, was ihm der Mista'peo mitteilen will. Die folgende Geschichte soll das veranschaulichen:

> «Den Vater einer Frau namens Madeline, die jetzt in Lake St. John lebt, nannte man Old Gabriel Apaci'c. Er und sein Bruder lagerten einst im Busch. Der alte Mann verließ das Lager und spürte unvermittelt Angst. Er kehrte zurück und sagte: ‹Nimm deine Trommel und schlage sie.› Sein Bruder tat es. Nach etwa einer Viertelstunde erklärte er: ‹Ja, er kommt. Ich weiß es.› Er sang und trommelte noch eine Weile. Dann ging er hinaus und baute sich eine Hütte, in der er Magie machen konnte. Dabei entdeckte er durch seine innere Kraft, daß ein Kannibal-Riese auf dem Weg zu ihnen war und sie umbringen wollte. Er sandte seine innere Kraft dem Dämon entgegen und konnte ihn so töten. Diese Geschichte bestätigte sich später, als man einen toten Mann fand, den man des Kannibalismus verdächtigt hatte. Die Trommel hatte also die Wahrheit gesprochen.»[77]

Die Trommel blieb über mehrere Generationen in den Händen der Nachkommen von Old Gabriel Apaci'c, bevor sie in ein Museum für Indianer kam. Diese Geschichte zeigt, wie Klang und Rhythmus der Trommel die Naskapi in Verbindung setzt mit ihrem überlegenen Naturwissen, was für sie lebensrettend sein kann.

Diese Erzählung gibt mir Gelegenheit, eine Bemerkung zum oft erwähnten Kannibalismus bei Naturvölkern zu machen. Weder bei den Naskapi in Labrador noch bei anderen indigenen Gruppen, die oft unter extremen Hungerperioden leiden, wie zum Beispiel den Kua aus der Kalahari, ist Kannibalismus in der Wirklichkeit bekannt. In Mythen und Märchen dieser Völker ist allerdings von Kannibalismus zu hören, aber schließlich immer in Verbindung mit schweren Bestrafungen der Täter durch jenseitige Mächte. Auch bei den Naskapi ist von Kannibalen die Rede. Weil sich diese aber durch den Verzehr eines Menschen einen zweiten Mista'peo einverleiben könnten, würden sie derart überlegen gegenüber den anderen, weshalb sie unbedingt rasch getötet werden müßten. Eine egalitäre Gesellschaft erträgt herausragende Individuen nur dann, wenn sie keine Macht ausüben.

---

[77] Speck: Naskapi, 177.

Der anfänglich naiven Aufgeschlossenheit der Naskapi gegenüber den Weißen lag die Überzeugung zu Grunde, daß hinter ihren technischen Errungenschaften ein besonders potenter Mista'peo stehen müsse. Sie anerkannten dadurch die Überlegenheit der Weißen vorerst ganz selbstverständlich. Das entspricht in unserer Kultur etwa dem Umstand, daß ein herausragendes Talent eines Menschen nicht nur akzeptiert, sondern respektiert, bewundert und gar gefördert wird. Ich denke dabei zum Beispiel an begabte Wissenschaftler oder Künstler.

Vor nicht allzu langer Zeit aber wurden manche herausragende Talente auch bei uns aus Gründen der Häresie offiziell verurteilt und hingerichtet, zum Beispiel GIORDANO BRUNO, oder noch in unserer Zeit im Auftrag von Staaten oder durch einzelne Killer aus politischen Motiven ermordet. Ich erinnere nur an den gewaltsamen Tod von MAHATMA GANDHI oder von MARTIN LUTHER KING. Manchmal scheint eine überdurchschnittlich begabte Persönlichkeit sogar ohne äußere Einflüsse von innen heraus zerstört zu werden. Beispiele dazu wären etwa der vorzeitige Tod von WOLFGANG AMADEUS MOZART oder die Psychose von NIETZSCHE in seiner Lebensmitte. Ob wohl die Natur, Manitu oder die Götter in einem bestimmten Zeitraum nur ein gewisses Maß an Abweichung vom Durchschnitt nach oben in den Bereich des Geistes ertragen und tolerieren?[78] Das überlieferte Wissen der Naskapi deutet also auf eine Menschheitserfahrung hin, die für sie im archetypischen Bild des Kannibalen erfahrbar wird, der getötet werden muß wegen seiner übersteigerten Potenz.

An einer Stelle in seinem Buch erwähnt SPECK ohne weiteren Kommentar,[79] daß selbst Mista'peo und seine Frau (!) als Kannibalen auftreten können.[80] Dies bedeutet, daß das Ich des Individuums vom Unbewußten verschlungen, aufgefressen, also ausgelöscht werden kann, was einem psychotischen Zustand entsprechen würde und großes Unglück bedeutet. Die allgemeine Angst vor den Kannibalen zeigt, daß die Naskapi sich dieser Möglichkeit durchaus bewußt sind. Viele verschiedene

---

[78] MARIE-LOUISE VON FRANZ hatte in ihren letzten Jahren wegen ihrer Krankheit immer wieder große Mühe zu sprechen. Sie meinte einmal, sie wisse nicht, ob die Götter finden, sie hätte genug gesagt, oder – ... als ich hier angekommen war in meinem Satz, wurde es schwarz auf dem Bildschirm meines Computers, weil just in diesem Augenblick der Akku leer war, nachher fuhr ich weiter – ... ob der Teufel verhindern wolle, daß sie noch mehr sage!

[79] SPECK: Naskapi, 70.

[80] Auch unter dem Namen Windigo oder Wi'tigo bekannt.

Amulette zum Schutz vor Unglück werden deshalb von den Indianern um den Hals getragen. Ihre Form, ihre Farben und ihre Größe haben sie in Träumen oder durch spontane Bilder erfahren.[81] Das Auftauchen des Kannibalen entspricht der weit verbreiteten Gefahr des Seelenverlustes bei Naturvölkern und führt letzlich zu einem Einbruch und einem Überschwemmtwerden des Ichs durch übermächtige Inhalte des Unbewußten. Hier zeigt sich die zerstörerische Seite Mista'peos, welcher der Naskapi aber nicht wehrlos ausgesetzt ist. Folgt er seinem Gefühl, hier einer unbestimmbaren Angst, kann er sich durch das Trommeln aktiv mit ihr verbinden und sich dagegenstellen.[82] Zudem schützen ihn die Amulette.

Die Rassel spielt wie die Trommel eine bedeutende Rolle. Das eine Instrument kann durch das andere ausgetauscht werden. TURNER faßt die Bedeutung etwas übertreibend zusammen:

> «Wenn jemand krank ist, wird die Trommel geschlagen. Wenn jemand gesund ist, wird die Trommel geschlagen. Wenn die Jäger erfolgreich waren, wird die Trommel geschlagen; und wenn der Tod jemand aus ihrer Mitte gerissen hat, wird die Trommel geschlagen, damit der Geist des Toten nicht zurückkehrt und die Lebenden belästigt. Trommeln ist oft begleitet vom Singen, das von allen Klängen, die als harmonisch gelten, die größte Disharmonie erzeugt.»[83]

Beim Trommeln wird oft gesungen, alleine oder bei Rundtänzen der Gruppe. Melodien und Texte der Gesänge sind ganz oder teilweise in Träumen oder dem Traum ähnlichen Zuständen gehört worden.[84] Sie sind also unmittelbare Äußerungen von Mista'peo und gehören zum persönlichen inneren Besitz des Träumers. Durch wiederholtes Singen können einzelne Gesänge allmählich zum tradierten Kulturgut aller

---

81 SPECK: Naskapi, 233.

82 Hier sei an Kain erinnert, der sich Gott entgegenstellte und gerade dadurch unter seinen besonderen Schutz kam, oder an Jakob, der mit Gott eine Nacht lang gerungen hatte, oder an Ezechiel, dem Gott mitteilte, er habe einen gesucht, der gegen ihn eine Mauer baue, damit er nicht zerstöre. Vgl. dazu HANSUELI F. ETTER: Der romanische Kreuzgang der Kathedrale von Girona. Jungiana, Reihe B, Band 2, Küsnacht 2003.

83 L. M. TURNER: Ethnology of the Ugava district. 11th Annual Report, Bureau of American Ethnology, Washington 1889–90, 325.

84 Diese Erfahrung der Naskapi ist mir selber nicht unbekannt. Auch PAUL MCCARTNEY, ein Mitglied der «Beatles», soll Text und Melodie zum weltberühmten Lied ‹Yesterday› im Schlaf erfahren haben. (Diesen Hinweis verdanke ich ALISON KAPPES, Zürich.)

Abb. 9
Zeichnung, wie zwei Jäger mit ihrem Kanu eine Herde von Karibus im Wasser verfolgen und ein Tier mit dem Speer erlegen. Nachdem einer der beiden Jäger getrommelt und sein Karibulied gesungen hatte, träumte er, wie er jagen sollte. Danach befragte er ein erhitztes Karibu-Schulterblatt, wo er jagen sollte. Nach der erfolgreichen Jagd wurde die Zeichnung als Dank an den Mista'peo ausgeführt.

werden. Viele Gesänge handeln von Tieren und von der Jagd. Wenn diese gesungen werden, üben sie einen geheimen Einfluß auf die Beutetiere aus, womit die Erfolgsaussichten des Jägers erhöht werden. Deshalb gehören die Jagdgesänge wie das Gewehr und das Messer zur persönlichen Ausrüstung jedes Jägers.[85] Der Naskapi singt seine eigenen Gesänge auch in Zeiten von Gefahr und Not, weil er überzeugt ist, daß dadurch sein Mista'peo erfreut und gestärkt wird und ihm beisteht.

Neben Trommeln, Singen und Tanzen kennen die Naskapi noch weitere Methoden, um mit dem Mista'peo aktiv in Beziehung zu treten. SPECK unterscheidet die Macht der Gedanken, die Wunscherfüllung, die stille Kontemplation oder das Sich-auf-ein-Objekt-Konzentrieren. Ich möchte alle diese Methoden zusammenfassen unter dem, was JUNG als aktive Imagination bezeichnet hat, nämlich ein Konzentrieren auf innere Bilder, auf die bewußt eingegangen wird, wie wenn es sich um äußere Begebenheiten handeln würde. Mit den inneren Figuren wird gesprochen, diskutiert, gefeilscht und verhandelt, man

[85] Ein norwegischer Jäger hat mir einst geraten, bei überraschenden Begegnungen mit Tieren in freier Wildbahn leise zu singen. Das soll die Tiere in eine ganz besondere Stimmung versetzen, in der sie still verharren und lauschen. Ich habe dies später wiederholt ausprobiert und kann seine Erfahrung nur bestätigen. Das Singen hat auch mich beruhigt!

läßt sich ein oder grenzt sich ab, man nimmt sie ernst, ohne den bewußten Standpunkt aufzugeben.[86] MARIE-LOUISE VON FRANZ nennt die Methode der aktiven Imagination das mächtigste Instrument zur Erreichung von seelischer Ganzheit, viel bedeutender noch als die alleinige Interpretation von Träumen.[87] Diese Möglichkeit der aktiven Auseinandersetzung zwischen dem Ich und inneren, seelischen Kräften haben die Naskapi ebenfalls seit alters gekannt und erfolgreich angewendet. Wie sich ein Naskapi in einer schwierigen Situation an seinen Mista'peo wendet und ihn um eine Lösung bittet, soll das nachfolgende Beispiel veranschaulichen:

> «Der Schwiegervater von Cimon, ein Jäger von Lake St. John, hatte einen mächtigen Mista'peo. Einst hielt er sich zusammen mit seiner Familie am nördlichen Ufer des Aschuapmouchouan-Flusses auf, zu einem Zeitpunkt im Frühling, als eben das Eis zu brechen begann. Sie kamen zu spät und konnten den Fluß nicht mehr zu Fuß überqueren. Sie hatten auch kein Kanu. Nachdem sie ihr Lager aufgeschlagen hatten, gab er sich in dieser Nacht ganz dem Singen und ‹Wünschen› hin. Nach kurzer Zeit blieb das Eis an einer bestimmten Stelle des Ufers hängen und türmte sich zu einer Brücke vom einen Ufer zum anderen auf, die sechs bis acht Fuß breit war.[88] Sie war gerade breit genug, um ans andere Ufer zu gelangen. Ober- und unterhalb schäumte das angestaute Wasser. Nachdem sie am anderen Ufer angelangt waren, brach die Eisbrücke ein.»[89]

Mit rationalen oder vernünftigen Argumenten erklärt, ereignete sich in einem bestimmten Zeitmoment ein bloßer Zufall, der ebensogut früher oder später oder auch nie hätte eintreten können. Das Ereignis, daß sich Eisschollen im Fluß festklemmen, hat eine gewisse Wahrscheinlichkeit, da es jeden Frühling dann und wann zu beobachten ist. Zwischen dem äußeren Ereignis und der inneren Hinwendung des Naskapi zu seinem Mista'peo kann eine kausale Beziehung weder erkannt noch erdacht werden. Würde jemand eine solche Beziehung annehmen, wäre sein Denken als magisch-kausal zu bezeichnen.

---

[86] Vgl. z. B. BARBARA HANNAH: Encounters with the soul: Active Imagination as developed by C. G. Jung. – Dt. Ausgabe: Begegnungen mit der Seele. Aktive Imagination – der Weg zu Heilung und Ganzheit. Übers. von WALTRAUT KÖRNER.

[87] Encounters, ebenda: Introduction by MARIE-LOUISE VON FRANZ, 2.

[88] Etwa zwei Meter breit.

[89] SPECK: Naskapi, 191.

Für den Naskapi ist das Auftürmen der Eisbrücke in diesem Zeitmoment gerade kein Zufall, weil es sich um ein seltenes Ereignis handelt, das genau zum richtigen, das heißt sinnvollen Augenblick eintritt. In seiner kosmologischen Ordnung gilt etwa folgende Überlegung. Hinter allen Menschen, Tieren und Dingen ist der Mista'peo am Werk, auch hinter dem Wasser, den Eisschollen und der Uferböschung. Verbindet sich der Naskapi mit seinem Mista'peo, so setzt er sich über diesen mit allen anderen Menschen, Tieren und Dingen auf geheimnisvolle Weise in eine Gefühlsbeziehung. Wenn er seinem Mista'peo seine Not vermitteln und ihn anregen kann, und dieser genügend Kraft besitzt, so wird dies den Mista'peo im Wasser, im Eis und im Ufer so einstimmen, daß sie gemeinsam auf eine Lösung hin aktiviert werden. Dadurch erhöht sich die Wahrscheinlichkeit, daß sich ein seltener, aber sinnvoller Zufall zum richtigen Zeitpunkt am richtigen Ort ereignet. Die innere Hinwendung des Naskapi ist dabei eine wichtige Voraussetzung, aber das Geschehen entzieht sich vollkommen seinem Willen. Sogar der Sinn entzieht sich seinem Dafürhalten, denn allein der Mista'peo entscheidet darüber, was in diesem Zeitmoment für diese Menschen sinnvoll ist. Dem muß sich auch der Naskapi unterwerfen.

Im nachhinein wird Sinn nur insofern erfahrbar, als er sich deckt mit dem, was auch der Mensch als sinnvoll erachtet, in unserem Beispiel selbstverständlich das sichere Überqueren des Flusses von Cimon und seiner Familie und damit ihr gemeinsames Überleben. Dann, und nur dann, überlebt auch diese Geschichte und wird mit der Zeit vielleicht Bestandteil einer Erzählkultur der Naskapi. Auf diese Weise sind wohl auf der ganzen Welt unzählige Sagen und Märchen entstanden. Daraus können nämlich spätere Generationen Hoffnung schöpfen. Old Marie Louise (s. S. 127) dagegen versank im dünn gewordenen Eis auf der Heimkehr aus ihren Jagdgründen. Hat damals ihr Mista'peo im Zusammenwirken mit dem Mista'peo der Eisfläche diesen Zufall als sinnvoll erachtet? Dadurch wurde ihr schneller, schmerzloser Tod im eisigen Wasser verursacht und ihr vielleicht ein langsames leidvolles Altern erspart. Was hat ihr wohl ihr Mista'peo im Traum in den Nächten zuvor für Bilder geschickt?

Mista'peo repräsentiert für die Naskapi nicht nur eine belebende und hilfreiche Energie aus der Natur, sondern eine kreative Kraft, die oft in eine für den Menschen sinnvolle Richtung wirkt. Hinter dem Sinn scheint ein Geist in der Natur zu stehen, der schon das lebhafteste Interesse der Alchemisten gefunden hatte und dessen Wirken die einen im Labor experimentell zu untersuchen pflegten. Für den Naskapi ist dieser Naturgeist allgegenwärtig, unberechenbar, inkonstant, paradox und deshalb immer wieder überraschend, vor allem aber mit Sinn ausgestattet in einem allgemeinsten Naturverständnis und nicht bloß auf das menschliche Verstehen beschränkt. Dieser Naturgeist ist aber nicht gänzlich unabhängig von der Einstellung des einzelnen Indianers, sondern mit dessen innerer Haltung geheimnisvoll verbunden. Auf seine Weise nimmt er Anteil am täglichen Leben jedes Menschen und versucht, ihn vorwärts zu bewegen. Er scheint unerschöpflich in seiner Kreativität und in seiner Geduld, in seiner liebevollen Zuwendung und seiner scharfen Kritik oder in seinen oft humorvollen Kommentaren zum Individuum. Am eindrücklichsten wird er erlebt in den bunten Bildgeschichten der Träume. Mindestens während des paradoxalen Schlafes sind wir ihm machtlos ausgesetzt und ausgeliefert, aber auch von ihm geführt und getragen.

Die Naskapi wären mit JUNG sicherlich einverstanden, wenn er am Ende seines Lebens in einem Brief an HERBERT READ schreibt:

> «Eigensinnig möchten wir sie (die Zukunft) nach unseren Vorstellungen gestalten. Wir entscheiden, als wenn wir wüßten. Wir wissen nur, was wir wissen, aber es gäbe sehr viel mehr, was wir wissen könnten, wenn wir nur aufhören wollten, auf dem zu beharren, was wir wissen. Der Traum würde uns ein Weiteres erzählen, darum verachten wir den Traum und fahren fort, ad infinitum aufzulösen.
>
> Was ist der große Traum? Er besteht aus den vielen kleinen Träumen und den vielen Akten der Demut und Unterwerfung unter ihre Andeutungen. Er ist die Zukunft und das Bild der neuen Welt [...]. Wir können es nicht besser wissen als das Unbewußte und seine Andeutungen. Dort liegt eine Chance, das zu finden, was wir in unserer bewußten Welt vergeblich suchen. Wo sonst könnte es sein?»[90]

Damit kommt dem Mista'peo kosmogone Bedeutung zu. Er gestaltet aus dem unbekannten Welthintergrund, das heißt aus dem Unbewußten heraus, die Zukunft der materiellen Welt. Dem Naskapi ist deshalb jedes Mittel recht und kein Aufwand zu groß, um diese Kraft für sich zu gewinnen, denn von ihr hängt nicht nur sein Leben im Hier

[90] C. G. JUNG: Briefe III, 334 ff. (2. Sept. 1960).

Abb. 10
Unvollständige Skizze eines Karibus auf einer Birkenrinde. Ein Naskapi-Jäger fertigte sie an nach einem Traum, der ihm zu einer erfolgreichen Jagd verhalf. Damit dankte er dem Mista'peo des Tieres ebenso wie seinem eigene Mista'peo.

und Jetzt ab, sondern überhaupt alles Leben, das sich in der Materie äußert. Sein höchstes Anliegen, nämlich mit seiner ganzen Anteilnahme das Wohlbefinden von Mista'peo zu erhalten und zu fördern, macht den Naskapi zum schöpferischen Partner Mista'peos auf Erden.

Am meisten erfreut er seinen Mista'peo durch jede Art von kreativer Tätigkeit, gleichgültig welcher Art, welcher Qualität oder Quantität. Eines der wichtigsten Mittel, um dem Mista'peo Freude zu bereiten, ist jeder schöpferische Ausdruck in künstlerischer oder kunsthandwerklicher Gestalt. Hat sich ein Traum in der Wirklichkeit erfüllt, malt der Naskapi aus Dankbarkeit mindestens einen schwarzen Punkt auf ein Birkenrindengefäß oder sonst einen Gegenstand aus seinem Alltag. Häufiger werden fünf Punkte gemalt, vier als Eckpunkte eines Quadrates und ein fünfter als Mittelpunkt (s. o. unter Trommeln). Mit der Vierzahl verweist er auf die Tatsache, daß etwas im Traum der Nacht Aufgetauchtes, vorerst nur als Möglichkeit Angekündigtes, durch ihn als den Einen, Fünften in die Wirklichkeit seines Lebens treten konnte. Alles ist von Mista'peo geheimnisvoll vorbereitet, durch seine Tat aber wird es erst wirklich im Hier und Jetzt.

Mista'peo verlangt, daß Objekte, Figuren, Tiere, Farben und Materialien, die in Träumen gesehen worden sind, auf irgendeine Weise konkret oder in symbolischer Form dargestellt werden, damit die diesen Dingen innewohnenden Kräfte vom Individuum für seine Unternehmungen erfolgreich genutzt werden können. Wenn diese Forderungen des Mista'peo nicht beachtet werden, fühlt sich der Mista'peo mißachtet und zieht sich zurück. Sich künstlerisch auszudrücken ist für den Naskapi also reiner Seelendienst, und seine kreative Quelle ist Mista'peo. Deshalb ist jede Gestaltung der Traumbilder individuell und kaum einer lokalen Tradition unterworfen. Das ästhetische Gefühl für die Umsetzung der Bilder ruht ganz in der Seele des einzelnen Indianers[91] (Abb. 7, 9, 10).

Dieser Seelendienst kann seinen Ausdruck finden in Zeichnungen auf Birkenrinden oder Tierhäuten, Stickereien auf Stoffen und auf Leder, in Bändern aus Glasperlen oder natürlichen Materialien sowie Kerbungen, Punkte oder Schnitzereien an Gegenständen des täglichen Gebrauchs aus Knochen und Holz. Bunte Darstellungen freuen den Mista'peo besonders. Alle diese Dekorationen sind Ausdruck einer tiefen geistig-religiösen Anteilnahme des Naskapi an seiner Mitwelt.

Sogar Mista'peo selber kann dargestellt sein. Speck wollte einem Naskapi einen Beutel abkaufen, in dem dieser gewöhnlich sein Schießpulver und seine Kugeln verstaute (Abb. 11). Die Außenseite war mit einer blütenähnlichen Verzierung bestickt. Zuerst wollte der Jäger seine Tasche nicht hergeben, obwohl ihm Speck einen guten Preis anbot. Der Naskapi unterhielt sich aufgeregt mit seiner Frau und verkaufte schließlich nur zögernd seinen Schießbeutel mit der Auflage, ihn niemandem

---

91 Speck: Naskapi, 197.

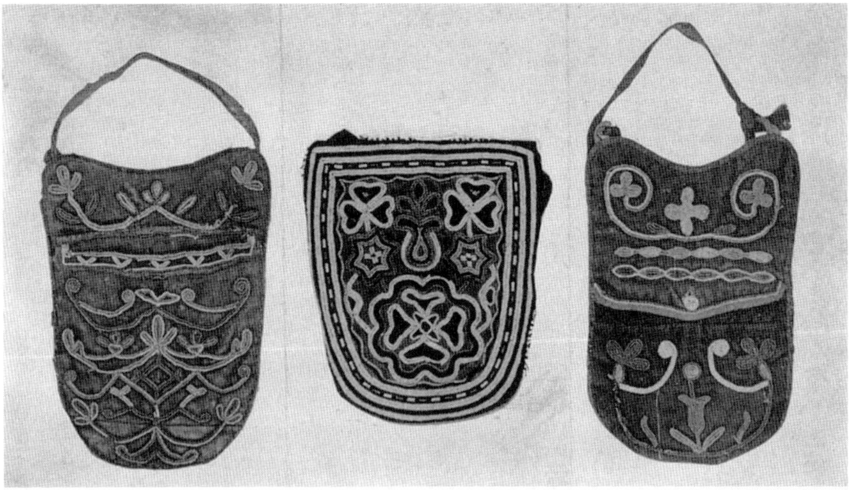

Abb. 11
Mit Stickereien verzierte Taschen für die Schießutensilien wie Pulver, Feuerstein, Lappen und Kugeln. Das vierteilige Mandala mit herzförmigen Motiven auf der mittleren Tasche ist ein abstraktes Bild Mista'peos. Dieses Bild meditierte der Jäger, um mit seinem Freund, der Seele, in Kontakt zu treten und sie zu aktivieren.

zu zeigen. Als SPECK mit Nachdruck die Bedeutung der Stickerei erfahren wollte, brach der Mann sein anfängliches Schweigen mit der Antwort: «Das ist wirklich mein ‹Great Man›!»[92] Neben Darstellungen der Seele, des Herzens oder von Mista'peo selber können die Schießbeutel nach Auskunft verschiedener Jäger auch mit Blumen, Bäumen, Blättern und anderem verziert sein.

Eine außerordentlich wichtige und weit verbreitete Methode, bei den Naskapi mit dem Mista'peo in Beziehung zu treten, besteht in der konzentrierten Hinwendung auf sein Abbild oder ein anderes dekoratives Objekt, das ihn symbolisch darstellt. Auch ein Spiegel, eine spiegelnde Wasseroberfläche oder eine chaotische Struktur kann dazu verwendet werden.[93] Wenn sich der Naskapi auf das Objekt mit einer bestimmten Frage konzentriert, wird das angeschaute Muster von einem neuen See-

---

[92] Ebenda, 223f.
[93] Vgl. dazu oben unter Schulterblattschau oder Skapulomantie.

lenbild überlagert, das eine Antwort beinhaltet. Oft werden dazu die Stickereien auf den Schießbeuteln verwendet, da diese Dekorationen in individueller Vielfalt den Mista'peo widerspiegeln.

Erwähnt sei schließlich noch das sogenannte «sun-spoting». Über den weiten Ebenen der Labrador-Halbinsel liegen die Wolkendecken oft niedrig. Wenn diese aufreißen, dringen die Sonnenstrahlen wie das Licht eines Scheinwerfers durch die Wolkenlöcher und besonnen einen kleinen Ausschnitt der Landschaft. Diese Sonnenflecken sind für den Indianer Hinweise seines Mista'peo, wo er sich das nächste Mal hinwenden muß beim Sammeln, Jagen oder Fischen. Jagt er dort erfolgreich oder widerfährt ihm dort sonst ein sinnvolles Ereignis, bedankt er sich bei seinem Mista'peo, indem er diesen Sonnenfleck als kleinen Punkt auf einen Gegenstand malt. Auch wenn ihm solche Sonnenflecken im Traum erscheinen, faßt er sie als konkrete Hinweise auf, wo er sich hinwenden muß.

Symbolisch verstanden erhellt ein Licht im Unbewußten vorübergehend einen bestimmten Bereich desselben, der sonst im Dunkeln liegt. Ein Bewußtseinsfunken im Unbewußten versucht einen Inhalt so zu beleuchten, daß er bewußtseinsfähig werden kann. Jedes Traumbild und jedes Geschehen in der äußeren Welt, das wir als symbolisches Bild wahrnehmen, ist ein «sun-spoting», nämlich ein unmittelbares überraschendes Aufscheinen von bislang Verborgenem, das uns einen neuen Weg weisen kann, insofern wir seine Botschaft richtig verstehen. Unsere Träume zum Beispiel sind fortgesetzte kleinere oder größere Erleuchtungen, die uns den nächsten Schritt weisen und einen Zuwachs an Vertrauen ins Leben schenken können. Ein Beispiel aus dem Leben eines Naskapi soll dies erhellen, wobei der Jäger auch diesen Traum des «sun-spoting» zu Recht konkret nimmt, wie sein Jagderfolg beweist:

> «Der Jäger Wisketcani hatte an einer bestimmten breiten Stelle eines Flusses nie Jagdglück, wo sein Vater mit ihm als Kind häufig erfolgreich zu fischen pflegte. Aus eigener Erfahrung mied er sie. Einmal im Winter sah er im Traum diesen Abschnitt des Flusses von Sonnenlicht erhellt, während die Umgebung im Schatten lag. Er sah sich auf dem Eis stehen und eine große Zahl von Holzschnitzeln auf einen Haufen am Ufer werfen. Nach diesem Traum versuchte er sein Jagdglück nochmals an diesem Ort. Er fing mit seinem Netz so viele Fische, daß er sie gleich den Holzschnitzeln im Traum auf einen Haufen am Ufer zusammentragen mußte. Die-

> ser Ort erwies sich in der Folge als derart fischreich, daß er sich dort sogar eine Hütte baute.»[94]

Das Wissen seines Mista'peo hatte sich gegenüber seiner eigenen Erfahrung wieder einmal als weit überlegen erwiesen.

Folgerungen

Es war nie mein Anliegen, eine auch nur annähernd vollständige Ethnologie der Naskapi zu skizzieren. Ich wollte nur so viel zusammenfassen, daß die religiöse Einstellung der Naskapi erkennbar wird, und die Folgerungen für ihr tägliches Leben mit einigen Beispielen belegen. Nach meinem Dafürhalten wird aus dieser Zusammenstellung die Essenz dessen sichtbar, was als religiöses Weltbild der Naskapi bezeichnet werden kann. Wenn wir uns an JUNGs Bemerkung am Anfang dieses Aufsatzes erinnern, wonach der Mista'peo oder der ‹Great Man› der Naskapi eine Personifizierung des Unbewußten darstelle, so darf uns die überaus hohe Übereinstimmung zwischen dem durch Jahrhunderte hindurch erfahrenen Wissen der Naskapi und den modernen wissenschaftlichen Erkenntnissen der Tiefenpsychologie nicht weiter in Erstaunen versetzen. Einerseits ist die Auffassung der Naskapi hoch modern, anderseits sind die Erkenntnisse JUNGs keine modernen Erfindungen, sondern Wiederentdeckungen von uraltem Wissen auf dem Hintergrund wissenschaftlicher Forschungen. Diese Wiederentdeckungen führen zu grundlegenden Folgerungen über die menschliche Seele und über den archetypischen Hintergrund des menschlichen Lebens. Die biologische Art Homo sapiens ist als ein Aspekt aus dem geistigen und materiellen Leben hervorgewachsen, das weit über den nur menschlichen Bereich hinausreicht und dessen Wurzeln zutiefst in die belebte und unbelebte Natur hinunterreichen.

Der Naskapi weiß, daß er nichts ist im Vergleich zum Mista'peo. Er, der ‹Great Man›, ist die Weisheit der Natur. Sie steht hinter ihm, schützt ihn und bewegt ihn stets weiter, mal sanft, mal heftig. Sie ist die überlegene Kraft. Ohne sie ist er eine tote Masse. Um zu überleben, muß er dieser inneren und äußeren Kraft Freude bereiten, mit ihr in einen wohlmeinenden Kontakt treten, dann wird sie ihn führen, denn sie hat ein Wissen, das weit über sein individuelles Leben hinausreicht. Der

---

[94] SPECK: Naskapi, 196 (zusammengefaßt).

Mista'peo versinnbildlicht sowohl die gesammelte Erfahrung aller seiner Ahnen als auch den kreativen Geist, der in die Zukunft weist. Der Mista'peo ist erfreut, wenn der einzelne Naskapi seinen Standpunkt einnimmt, so gut er kann, und die Anregungen seines Mista'peo im Hier und Jetzt umsetzt. Dafür wird dieser ihn auch weiterhin unterstützen.

Sowohl die Naskapi – ihnen wären noch viele weitere ethnologische Beispiele nicht nur aus dem nordamerikanischen Raum anzufügen[95] – als auch wir modernen Menschen beziehen die Lebensenergie, ein instinktives Wissen, Fühlen und Ahnen sowie die kreativen Impulse aus dem Unbewußten: Es ist unser Lebenszentrum und unser Schicksal. Alles hängt sowohl von ihm als auch von unserem bewußten Standpunkt ab, insofern als letzterer gewissermaßen das ausführende Organ darstellt. Nicht wenige Menschen auch in unserer modernen Kultur wissen insgeheim um die schicksalhaften Hinweise in den Träumen und haben in Momenten höchster persönlicher Not erfahren, wie hilfreich und wegweisend auch kleine nächtliche Andeutungen sein können, wenn sie gegen besseres Wissen der Vernunft als neue Richtschnur im Alltag aufgefaßt werden können. Es zeugt von sicherem Instinkt, solche geheimnisvollen Erfahrungen nicht vorschnell mit anderen zu teilen. Sie gehören nach der Krise zum persönlichsten und wertvollsten Erfahrungsschatz, weil sie ein neues Vertrauen in die eigene Seele schaffen.

Wie viel leichter muß es dem Naskapi fallen, auf seine Seele zu vertrauen, der in einer geistigen Welt lebt, die seit Jahrhunderten um die Bedeutung der Träume weiß. Seine Kultur ist ein faszinierendes Beispiel einer religiösen Auffassung, bei der das Individuum die größtmögliche Anstrengung machen muß, die Absichten des überlegenen Geistes zu erkennen und zu realisieren, bei gleichzeitig größtmöglicher Freiheit von kollektiven Konzepten. Die Naskapi bewerten die Beziehung des einzelnen Individuums zu seinem Mista'peo als das Herzstück ihrer Gesellschaft und bauen auf diesem Fundament eine menschliche, das heißt ethisch verantwortliche Gesellschaft auf.

Das Wort Naskapi ist eine verächtliche Bezeichnung ihrer Nachbarstämme für Menschen mit so geringen geistigen Fähigkeiten, die ihnen

---

[95] WALLACE: Dreams and the Wishes of the Soul, 234–248, oder IRIS ANNA OTTO: Der Traum als religiöse Erfahrung, untersucht und dargestellt am Beispiel der Irokesen. Arbeiten aus dem Seminar für Völkerkunde der Johann-Wolfgang-Goethe-Universität Frankfurt am Main, Bd. 13, Franz Steiner Verlag, GmbH, Wiesbaden 1982.

die Entwicklung eines religiösen Konzepts unmöglich zu machen scheint. Zudem tätigen sie keine Erfindungen und kennen kaum materiellen Besitz. Sie selber bezeichnen sich aber als Innu,[96] was Menschen bedeutet. Die Naskapi wurden von den anderen nordamerikanischen Indianern ebenso verachtet wie von den Weißen. In dieser früheren Verachtung der Naskapi spiegelt sich die allgemeine Verachtung des Unbewußten in unserem modernen Zeitgeist wider. Die Naskapi wissen aber, daß die Intelligenz ihres Mista'peo ihrem eigenen Intellekt weit überlegen ist. Und sie spüren, daß ihr Mista'peo gutherzig ist. Sie wissen es, weil sie es in einer äußerst unwirtlichen Natur und einem unglaublich harten Klima über Jahrtausende erfahren haben. Es ist kein Glaube, sondern gewonnene Erkenntnis, auf die sie sich erfolgreich verlassen können. Es ist kein ausgeklügeltes philosophisches System für alle, sondern eine dem äußerst schwierigen Leben angepaßte tägliche Lebenshilfe für das Individuum. Es ist für jedermann verständlich, ob jung oder alt, und hat für alle die gleiche zentrale Bedeutung. Sie brauchen nicht zu glauben, sie wissen.

Zudem – und das ist ein außerordentlich bedeutsamer Faktor – bleibt ihr Konzept offen, das heißt fortwährend erneuerbar. Die Gefahr einer Versteinerung der Ideen oder einer Dogmatisierung des Wissens besteht zwar auch, ist aber weitaus geringer als bei anderen religiösen Systemen. Auch bei den Naskapi besteht wohl eine Tendenz, bekannte Symbole vielleicht vorschnell zu deuten, ohne auf kleine Unterschiede zu früheren Träumen oder Zeichen sorgfältig zu achten. Solange aber die einzelnen Menschen an ihren eigenen Träumen ununterbrochen interessiert sind, hat das Unbewußte jederzeit die Möglichkeit korrigierend, kompensierend oder erneuernd einzugreifen.

Vergleichbar einer Flutwelle, wälzt sich nämlich im Einklang mit dem Tag-und-Nacht-Rhythmus alle 24 Stunden unaufhaltsam eine Traumwelle um unseren Globus, die nicht nur jeden einzelnen Menschen auf dem Erdball erreicht, sondern zumindest auch die anderen Säugetiere. Dabei werden einerseits jedem Individuum maßgeschneiderte Botschaften bildhaft übermittelt, die ihn und sein besonderes Leben aus dem Blickwinkel des Unbewußten beleuchten. Anderseits kommen immer wieder Träume hinzu, die nicht nur ihn allein betreffen, sondern auch die Situation in seiner Familie, in seiner Lebensgemeinschaft,

[96] Weil sich die Innu nicht scheuen, sich selber als Naskapi zu bezeichnen, ziehe ich in meinem Aufsatz diesen älteren Begriff vor (vgl. Fussnote 38).

in seiner Gesellschaft, in seinem Volke, in seiner Nation oder gar internationale Probleme kommentieren. Diese symbolhaften Kommentare des Unbewußten wurden wohl seit der Zeit, als sich in den ersten Menschen ein reflektierendes Bewußtsein zu regen begann, vorsichtig berücksichtigt und entsprechend im konkreten Leben umgesetzt. Es spricht nichts dagegen, daß dies schon andere Säugetiere vor dem Menschen instinktiv taten. Ein reflektierendes Bewußtsein aber hat diese Möglichkeit der inneren Erkenntnis vertieft und damit die Entwicklung des Bewußtseins durch eine positive Rückkoppelung beschleunigt.

Da die Naskapi zu den politisch erfolgreichsten Indianerstämmen in Nordamerika gehören, war die Annahme naheliegend, daß sie bei ihren Vorstößen gegenüber der weißen Regierung in Quebec auch auf ihre Träume hörten und auf Zeichen achteten. Auf meine diesbezügliche schriftliche Anfrage erhielt ich die Antwort, daß auch heute noch bei den Jägern und Sammlern unter ihnen die Träume von ausschlaggebender Bedeutung seien.

Diese Antwort verschweigt diplomatisch das Schicksal derjenigen Naskapi-Indiander, die seßhaft geworden sind. Schon die Missionare und später die Regierung haben Naskapi-Familien gezwungen, ihr Leben als Halbnomaden aufzugeben und ganzjährig seßhaft zu werden. Heute sind diese Indianer weitgehend von der Sozialhilfe abhängig, warten auf die Alkohollieferungen und atmen dazwischen Benzindämpfe ein. Sie fristen ein Dasein ohne Beschäftigung, Perspektiven und Ideen, es fehlt ihnen an Stolz und Selbstwertgefühl. Sie vermissen Orientierung und Sinn.[97]

Ihr größtes Unglück liegt im Umstand, daß sie wider besseres Wissen ihrer Vorfahren die Beziehung zu ihrem Mista'peo aufgegeben, vergessen und entwertet haben. Sie haben das Kostbarste, nämlich das Vertrauen in ihre Seele, verloren und sind ohne die Beziehung zu ihrem Mista'peo zur «toten Masse» (s. S. 151) geworden, die leicht manipuliert werden kann. Der Verlust der Liebe zu ihrer Seele, zu ihrem Mista'peo, führt letztlich auch zum Verschwinden ihrer Kultur, zum Tod ihrer Sprache, zum Absterben ihres Selbstwertgefühles und ihrer Hoffnungen. Eine kollektive Depression stellt sich ein mit allen ihren Begleit-

[97] In Nain, wohin bereits Missionare die Naskapi zwangsweise umgesiedelt haben, soll heute die größte Mordrate pro Jahr und Einwohner in ganz Nordamerika herrschen.

erscheinungen, wie sie bei unzähligen Naturvölkern zu beobachten sind, die ein gleiches Schicksal erleiden müssen.

Der Naskapi-Sprecher einer hoffnungslosen Siedlung in Davis Inlet an der Nordküste in der Nähe von Nain meinte in einem Gespräch zu Recht: «Wenn wir wissen wollen, wohin wir gehen, müssen wir zuerst einmal wissen, woher wir kamen.»[98] Krankheit, auch seelische, beruht auf dem Verlust der Beziehung zum Mista'peo, zum Unbewußten (vgl. S. 120). Soviel wußten seine Vorfahren. Diese alte Wahrheit der Naskapi müssen junge Generationen wieder ernst nehmen. Es reicht nicht aus, wenn sie mit Trommeln und Singen in einer Art Folklore die alten Geister inbrünstig um Hilfe bitten. Sie müssen selber wieder erfahren, was es für ihre Vorfahren geheißen hat, ihren Mista'peo zu aktivieren und seine Anweisungen zu verstehen und kompromißlos zu befolgen. Dort liegt eine Ahnung über die Zukunft ihres Volkes. Den jungen Naskapi zu ermuntern, sich wieder mit ihrer eigenen Überlebenskultur, nämlich mit den Botschaften ihrer Träume, zu verbinden, wäre eine Art von Entwicklungshilfe, die maßvoll, nachhaltig und zudem kostengünstig wirken könnte.

In unserer modernen Zivilisation stellen sich entsprechende Symptome ein, allerdings vorerst weniger am Kollektiv beobachtbar, sondern vermehrt im Schicksal von einzelnen Individuen. Schlafstörungen, Depressionen, Suizide, Drogenkonsum und Kriminalität nehmen bei uns rasant zu, weil ein brutaler Rationalismus die Seele zum Schweigen bringen will. Das geht aus unseren Statistiken deutlich genug hervor und wirft ein prognostisches Licht auf die Zukunft unsere Zivilisation! Nicht in kollektiven Sozialprogrammen, sondern im individuellen Seelendienst würde auch für uns eine hoffnungsvolle Zukunft liegen. Diese Arbeit ist aber immer individuell, einsam und unspektakulär.

Nun verstehen wir besser, weshalb JUNG sich geehrt fühlte, als ihn MARIE-LOUISE VON FRANZ auf die vielen Parallelen zwischen seinem Konzept des Unbewußten und der religiösen Erfahrung der Naskapi hinwies. Er entdeckte eben lediglich, was seit alters zum Wissen der Menschheit gehörte, nämlich die ungeheure Bedeutung des Unbewußten, sowohl für den Einzelnen wie auch für das Kollektiv. Die

---

[98] MICHAEL MATTIG-GERLACH und MICHEL WEBER: Neufundland – das unbekannte Paradies. Ein Film des Südwestfunks, Baden-Baden 1998.

Hypothese drängt sich auf, daß die Naskapi, vor allem dank ihrem tradierten Wissen um die lebenspendende Bedeutung des Unbewußten, personifiziert im Mista'peo, überhaupt erst bis in diese subarktische Klimazone mit ihrer äußerst kargen Natur vordringen und sich dort das Überleben nachhaltig sichern konnten, wo andere Ökosysteme und Kulturen zum raschen Untergang verurteilt waren. Weder ihre materielle Kultur noch ihre physische Ausstattung ist so angelegt, daß sie sichere Voraussetzungen für ihr Überleben darstellen. In ihrer geistigen Kultur dagegen sind alle notwendigen Auffassungen verankert, mit denen sie der Umwelt erfolgreich trotzen können.

Aus diesem Grunde kommt ihrer geistigen Kultur ein nicht zu unterschätzender Wert zu für die Sicherung ihres Überlebens. Ihre konsequente Hinwendung zu Mista'peo, nämlich hauptsächlich zu den kausal nicht herleitbaren Informationen aus ihrer inneren Welt, den Träumen, aber auch zu den scheinbar zufälligen Zeichen in der Außenwelt, wie zum Beispiel «sun-spoting» oder divinatorischen Zufallsmustern, scheinen ihre Möglichkeiten im Überlebenskampf beträchtlich zu erhöhen. Träume und Zeichen werden damit zu bedeutenden Selektionsfaktoren, insofern sie mit einer bestimmten Auffassung verstanden und umgesetzt werden.

Jede geistige und materielle Kultur können wir als ursprüngliche Anpassung an die besonderen Lebensumstände auffassen, wie wir auch gemeinhin die Baupläne und die Verhaltensmuster der Tiere und die artspezifischen Lebensformen der Pflanzen als über Jahrhunderttausende ausgelesene besondere Qualitäten verstehen, die ihnen das Überleben sichern halfen. Wenn naturnahe Menschen wie die Naskapi konsequent die irrationalen, einmaligen und zufälligen Informationen als bedeutende sinngebende Faktoren anerkennen und in ihrem Alltag nutzen, ist dies unserem modernen wissenschaftlichen Verstande zwar schwer zugänglich. Aber gerade ihre erfolgreiche Strategie in der Auseinandersetzung mit ihrer Innenwelt und ihrer Mitwelt muß uns innehalten lassen angesichts der Möglichkeit, sogar jenseits der reinen Vernunft auf bedeutende Quellen eines überlegenen Wissens zu stoßen.

Für Bevölkerungen, die noch in großer Nähe zur Natur leben, seien es unsere Alpkulturen oder akulturierte alte Jäger- und Sammlergemeinschaften, ist dies eine Selbstverständlichkeit. Alle, viele oder nur einzelne einer Gruppe mögen besonders eingestellt sein, auf geheimnisvolle Hinweise und Andeutungen zu achten und die notwendigen Folgerungen daraus zu ziehen. Dabei können überlieferte Deutungen oder persönliche Erfahrungen ausschlaggebend sein für das Verständnis oder die Art der Umsetzung der symbolischen Hinweise im Alltag. Aber allein die Tat im Hier und Jetzt führt diese Menschen schließlich zu einer Erfahrung, in der das innere oder äußere Zeichen mit der Wirklichkeit sinnvoll in Verbindung gebracht werden kann. Würden solche Erfahrungen über lange Zeit ausbleiben, geriete das überlieferte Wissen langsam in Vergessenheit, und die hilfreichen Botschaften blieben künftig unverstanden und daher unberücksichtigt.

Bei den Naskapi scheinen alle aufgefordert zu sein, sich mit den Träumen zu verbinden und so den Hinweisen des Mista'peo bestmöglich zu folgen. Die Deutung des Traumes ergibt sich spontan oder nach Diskussionen mit dem Lebenspartner – oder einem Mitglied der Gruppe, das mehr Lebenserfahrung besitzt. Die vielen Möglichkeiten, den Mista'peo zu aktivieren, scheinen jedem zur Verfügung zu stehen, wobei vielleicht nicht jeder die gleiche Methode vorzieht. Jeder aber trägt seine persönliche Verantwortung im Umgang mit seinem Mista'peo. Sobald jemand für seine Kinder, seinen Lebenspartner oder seine Gruppe träumt, ist ihm auch kollektive Verantwortung auferlegt. Obwohl der Einzelne in seine Tradition eingebunden ist, bleibt er durch die persönliche Beziehung zu seinem Mista'peo auch individuell. Die Auffassung der Naskapi könnte einem prototypischen Bewußtseinskonzept des Homo sapiens entsprechen, das sich durchsetzte, weil es sich als erfolgreich erwiesen hatte.

Bei den Kuas (früher Buschmänner) sind über die Hälfte der Männer und auch viele Frauen in der Lage, beim Rundtanz spontan in Trance zu fallen. Dann werden sie in andere, innere Welten entführt, ohne ihre Identität zu verlieren. Dabei erschauen sie Zeichen, erfahren Künftiges, werden gewarnt, beraten, unterstützt, zurechtgewiesen und mit Lebensenergie (Num) für alle ausgestattet. Neben ihrer persönlichen Verantwortung tragen sie immer auch ein gewisses Maß an Verantwortung für das Kollektiv, indem sie für andere gefahrvolle Jenseitsreisen unternehmen.

Bei den zirkumpolaren Jägern und Sammlern, bei den afrikanischen Nomaden- und Hirtenvölkern und bei manchen anderen naturnahen Kulturen trägt dagegen meistens ein besonders ausgezeichnetes Individuum die ganze Verantwortung für den Kontakt mit der Welt der Geister und Dämonen, mit den hellen und dunklen Kräften des Jenseits, für das Wahrsagen und Zeichendeuten. Diese stets berufene Persönlichkeit hat vertrauten Umgang mit der Welt der Magie, des Zaubers und hat irgendwie Einfluß auf die bekannten und vertrauten Naturgesetze: sie wirkt als Schamane oder als Medizinmann. Solche ausgezeichneten Persönlichkeiten werden auch «Träumer» genannt,[99] weil sie die großen Träume haben, die für das Kollektiv gelten. Sie deuten die Orakel, machen Vorhersagen und wissen Antworten auf Fragen, denen mit aller Vernunft nicht beizukommen ist.

Diese Tradition hat sich fortgesetzt im späteren Priestertum der Hochkulturen – erinnert sei zum Beispiel an das Orakel von Delphi – und gewandelt bis in das Amt des Pfarrers der protestantischen Kirche. Nicht zufällig steht am Anfang des christlichen Aeons ein besonders begabter Schamane, nämlich Christus. Er heilte, redete in Gleichnissen über letzte Wahrheiten, erweckte Tote zum Leben und kannte Geheimnisse, die allen anderen verborgen blieben. Schließlich überwand er gar seinen eigenen Tod und wurde unsterblich, wie viele andere Schamanen auch. Er aber weissagte, daß von nun an wieder jeder einzelne seinen inneren Weg finden müsse ins Himmelreich. Ist damit der lange Entwicklungsweg vom gewöhnlichen Individuum, das seine Verantwortung zu tragen hat – wie bei den Naskapi – über die vielen – wie bei den Kuas – zu den wenigen Spezialisten – wie die Schamanen und Priester – an einem Wendepunkt angelangt, an dem eine allmähliche Umkehr wieder hin zum einzelnen Individuum, das seine persönlichen Träume und die Symbole seines Unbewußten wahr- und ernst nimmt, eingeläutet worden? Diese Bürde würde vorerst den Einzelnen, später den vielen und schließlich wieder allen Individuen aufgetragen, die ein gewisses Maß an Bewußtheit errungen haben. Folgen wir den Spuren der Naskapi, würde die kollektive Moral schließlich wieder von der persönlichen Ethik und damit vom Gewissen des Einzelnen abgelöst. Damit ließe sich hinter der schmerzlichen Vereinzelung des Menschen in unserer modernen Gesellschaft ein Sinn erahnen, dessen Erfüllung in die ferne Zukunft weisen würde.

Aus dem gänzlich unbewußten Kleinstkind, das ungebrochen individuell ist, entwickelt sich durch allmähliche Anpassung an das Kollektiv der Eltern und später der Gesellschaft ein bewußteres Individuum. Dieses wird sich im Verlauf seines Lebens neu mit sich selbst verbinden und dadurch individuieren. Auf die unbewußte Individua-

---

[99] Bei den Pygmäen der Andamanen werden die Medizinmänner «Oko-jumu» genannt, was übersetzt «der Träumer» heisst. Vgl. JOSEPH CAMBELLI: Der Flug der Wildgans, Mythologische Steifzüge, 129.

lität folgt eine vorübergehende Einbettung ins Kollektiv, verbunden mit einer zunehmenden Bewußtwerdung, die dann in eine neue bewußtere Individualität mündet. Ob sich wohl grundsätzlich in der psychischen Entwicklung des Einzelnen eine historische Entwicklung der menschlichen Gesellschaft widerspiegelt, wie sich in jeder Ontogenese die Phylogenese in großen Zügen rekapituliert? In jedem Individuum schlummert in den Zellen ein unbewußtes Wissen um die unermeßliche physische Vergangenheit bis in die uranfänglichen Wurzeln des Lebens der Protozoen. In ähnlicher Weise scheint sich im psychischen Entwicklungsprozeß des einzelnen Menschen ein Wissen um das Wie und das Wozu auszudrücken, das auf kollektiven Erfahrungen beruht und dessen Entwicklungsprozeß antizipiert.

Träger dieses kollektiven Wissens sind die Archetypen, einerseits unermeßlich vielfältig in ihrer konkreten Ausgestaltung im einzelnen Leben, anderseits unveränderlich und einheitlich in ihrem Wesenskern. «Die archetypischen Inhalte sind der psychischen Struktur des Individuums in Form von latenten Möglichkeiten sowohl als biologische wie als historische Faktoren mitgegeben.»[100] Die Gesamtheit aller Archetypen bildet den Inhalt des kollektiven Unbewußten. Dieses ist «der Niederschlag alles menschlichen Erlebens bis zurück zu seinen dunkelsten Anfängen, [...] lebendige Reaktions- und Bereitschaftssysteme, welche auf unsichtbarem und daher um so wirkungsvollerem Wege das individuelle Leben bestimmen. Es ist aber gewissermaßen nicht bloß ein gigantisches historisches Vorurteil, sondern zugleich auch die Instinktquelle, indem die Archetypen nichts sind als die Manifestationsformen der Instinkte.»[101] Demnach sind in der Natur vitale Wirkkräfte über einen unermeßlich langen Zeitraum hinweg tätig, die nicht nur das Werden des historischen und prähistorischen, sondern auch des biologischen Menschen mitgeprägt haben.

Die Instinkte ihrerseits stellen das notwendige Aktions- und Reaktionsmuster einer Tierart bereit, das ein einzelnes Individuum zwar artspezifisch, aber situationsgerecht handeln läßt. Hierin unterscheidet sich der Mensch nicht grundsätzlich von seinen tierischen Verwandten. Nicht die individuelle Art des Handelns, sondern nur die Grundmuster (‹pattern of behaviour›) sind den Individuen gemeinsam. Sie sind angeboren und brauchen nicht durch Erfahrung oder Imitation erlernt zu

[100] Jolande Jacoby: Komplex, Archetypus, Symbol in der Psychologie C.G. Jungs, 39f.
[101] C.G. Jung: Die Struktur der Seele. GW 8, § 339.

werden. Durch das allmählich sich manifestierende Bewußtsein wird es aber dem Menschen mehr und mehr möglich, sein unbewußt instinkthaftes Handeln zu erkennen und zu reflektieren. In gewissen Grenzen vermag er es auch zu kontrollieren oder zu verändern. Dabei spielen die dem Archetypus eigenen Emotionen eine bedeutende Rolle und bewirken seine Dynamik. «Die Archetypen sind Bereitschaftssysteme, die zugleich Bild und Emotion sind. Sie vererben sich mit der Hirnstruktur, ja sie sind deren psychischer Aspekt.»[102] Es sind «aktive, das heißt lebendige Bereitschaften, Formen, eben Ideen im Platonischen Sinn, [die] in jeder Psyche vorhanden sind und deren Denken, Fühlen und Handeln instinktmäßig präformieren und beeinflussen.»[103]

«Der Archetypus aber als das Bild des Triebes ist psychologisch ein geistiges Ziel, zu dem die Natur des Menschen drängt.»[104] Das archetypische Bild verweist auf «gewisse innere Bestimmungen des geistigen Lebens und des Lebens überhaupt».[105] Der Mista'peo der Naskapi ist ein lebendiges Bild eines Archetypus, nämlich des Archetypus des ursprünglichen, vollständigen, umfassenden Menschen. Er ist ausgerichtet sowohl auf ein biologisches als auch auf ein geistiges Ziel und verkörpert als inneres Bild den Archetypus des Selbst als Ausdruck der Ganzheit. Er verhilft den Naskapi biologisch zu überleben und vermittelt zugleich soviel Sinn in ihrem Leben, daß daraus nicht nur eine materielle Alltagskultur entsteht, sondern darüber hinaus unzählige kreativ-künstlerische Schöpfungen. Denn «aus der Lebensquelle des Instinktes fließt auch alles Schöpferische».[106] Diese kreativen Äußerungen – so klein sie auch sein mögen – gibt der Naskapi allein aus Dankbarkeit seinem Mista'peo als Geschenke für eine in tiefstem Sinne religiöse Erfüllung seines Daseins zurück, ohne die sein Leben auf ein bloßes Überleben des Überlebenden reduziert würde. «Die unbewußte Ganzheit erscheint mir», schreibt JUNG, «als der eigentliche spiritus rector allen biologischen und psychischen Geschehens. Sie strebt nach totaler Verwirklichung, also totaler Bewußtwerdung im Fall des Menschen. Bewußtwerdung ist Kultur im weitesten Sinne und Selbsterkenntnis daher Essenz und Herz dieses Vorgangs. Der Osten mißt dem

---

102 C. G. JUNG: Seele und Erde. GW 10, § 53.

103 C. G. JUNG: Die psychologischen Aspekte des Mutterarchetypus. GW 9/I, § 154.

104 C. G. JUNG: Theoretische Überlegungen zum Wesen des Psychischen. GW 8, § 415.

105 C. G. JUNG: Psychologische Typen. GW 6, Walter, Olten und Freiburg i. Br. 1981, § 765 (spätere Aufl. § 693).

106 JUNG: Die Struktur der Seele. GW 8, § 339.

Selbst unzweifelhaft ‹göttliche› Bedeutung bei, und nach alter christlicher Auffassung ist Selbsterkenntnis der Weg zur cognitio Dei.»[107]

Für den Naskapi hat Mista'peo göttliche Bedeutung und seine Beziehung zu ihm numinose Qualität. Er ist Inbegriff des religiösen Sinnes und wird damit zum geistigen Impuls für seine eigene Schöpferkraft. Dahinter steht Manitu, ein metaphysischer Begriff für das Absolute und Unergründliche, für die ewigen Jagdgründe gewisser Indianer, für das Paradies der drei monotheistischen Weltreligionen, für das Nirvana der Buddhisten, für den unus mundus der Alchemisten und das Psychoide für JUNG: ein letzter Weltenhintergrund, für den wir keine Bilder kennen, von dem uns vielleicht die Musik eine Ahnung vermittelt.

Bibliographie

CAMBELL, JOSEPH: Der Flug der Wildgans, Mythologische Streifzüge. Sphinx. Basel 1990.

CLEMENT, DANIEL: L'homme-caribou: L'analyse ethnoscientifique du mythe. In: Canadian Journal of native Studies, Vol. XI/1, 1991.

ETTER, HANSUELI F.: Der romanische Kreuzgang der Kathedrale von Girona. Tiefenpsychologische Überlegungen zur alchemistischen Kunst der freien Maurer. Jungiana. Reihe B, Bd. 2, Küsnacht 2003.

ETTER, HANSUELI F.: Anthropologischer Beitrag zur Entwicklung der Bevölkerung. In: Gesellschaft und Bevölkerung, Einführungskurs in die ur- und frühgeschichtliche Archäologie der Schweiz. Schweizerische Gesellschaft für Ur- und Frühgeschichte, Bern 1990.

FRANZ, MARIE-LOUISE VON: Der Individuationsprozeß. In: C. G. JUNG: Der Mensch und seine Symbole, Walter, Olten und Freiburg i. Br., 1968.

FRANZ, MARIE-LOUISE VON: C.G.Jung – Sein Mythos in unserer Zeit. Walter, Zürich und Düsseldorf 1996.

FRANZ, MARIE-LOUISE VON: Wissen aus der Tiefe. Über Orakel und Synchronizität. Kösel, München 1987.

FRANZ, MARIE-LOUISE VON: Die inferiore Funktion. In: Psychotherapie. Daimon, Einsiedeln 1990.

FRANZ, MARIE-LOUISE VON: Der Individuationsprozeß. In: Archetypische Dimensionen der Seele. Daimon, Einsiedeln 1994.

HANNAH, BARBARA: Encounters with the Soul: Active Immagination as developed by C.G.Jung. Sigo Press, Santa Monica 1981.

HANNAH, BARBARA: Begegnungen mit der Seele. Aktive Imagination – der Weg zu Heilung und Ganzheit. Übers. von WALTRAUT KÖRNER. Kösel, München 1985.

JACOBI, JOLANDE: Komplex, Archetypus, Symbol in der Psychologie C.G.Jungs. Rascher Verlag, Zürich und Stuttgart 1957.

---

107 JUNG: Erinnerungen, Träume, Gedanken, 327.

JUNG, CARL GUSTAV: Das Grundproblem der gegenwärtigen Psychologie. GW 8, Walter, Olten und Freiburg i. Br. 1976.
JUNG, CARL GUSTAV: Die psychologischen Aspekte des Mutterarchetypus. GW 9/I, Walter, Olten und Freiburg i. Br. 1976.
JUNG, CARL GUSTAV: Die Struktur der Seele. GW 8, Walter, Olten und Freiburg i. Br. 1976.
JUNG, CARL GUSTAV: Theoretische Überlegungen zum Wesen des Psychischen. GW 8, Walter, Olten und Freiburg i. Br. 1976.
JUNG, CARL GUSTAV: Briefe III. Walter, Olten und Freiburg i. Br. 1980.
JUNG, CARL GUSTAV: Seele und Erde. GW 10, Walter, Olten und Freiburg i. Br. 1981.
JUNG, CARL GUSTAV: Psychologische Typen. GW 6, Walter, Olten und Freiburg i. Br. 1981.
JUNG, CARL GUSTAV: Erinnerungen, Träume, Gedanken. Hrsg. von ANIELA JAFFÉ. Walter, Olten und Freiburg i. Br. 1979.
JUNG, CARL GUSTAV: C. G. Jung im Gespräch. Hrsg. von ROBERT HINSHAW. Daimon, Einsiedeln 1986.
JUNG, CARL GUSTAV: Nietzsche's Zarathustra. Notes of the Seminar Given in 1934–1939. Ed. by JAMES L. JARRETT, 2 Vol., Bollingen Series XCIX, Princeton University Press 1988.
KIEW, J. E. MICHAEL: Foreword to the New Edition. In: FRANK G. SPECK: Naskapi. The Savage Hunters of the Labrador Peninsula. University of Oklahoma Press 1977.
MARTI-GRAEDEL, ELISABETH, SABINE DESCHLER-ERB, YVONNE GERBER, JÖRG SCHIBLER: Schamanismus am Bodensee? Archäologisches Korrespondenzblatt 32, 2002, Heft 1.
MATTIG-GERLACH, MICHAEL, MICHAEL WEBER: Neufundland – das unbekannte Paradies. Film des Südwestfunks, Baden-Baden 1998.
MASSON, L. R. : Les Bourgeois de la Compagnie du Nord-Ouest. Québec 1890.
OTTO, IRIS ANNA: Der Traum als religiöse Erfahrung, untersucht und dargestellt am Beispiel der Irokesen. Arbeiten aus dem Seminar für Völkerkunde der Johann-Wolfgang-Goethe-Universität Frankfurt am Main, Bd. 13, Franz Steiner Verlag, Wiesbaden 1982.
RIBI, ALFRED: Anthropos, der ewige Mensch. Der ewige göttliche und kosmische Mensch in Geschichte, Politik und Tiefenpsychologie. Peter Lang, Bern 2002.
ROGERTS, EDUARD S., ELEANOR LEACOCK: Montagnais-Naskapi. In: Handbook of North American Indians (Hrsg. WILLIAM U. STRUTEVANT), Vol. 6, The Subarctic, Smithsonian Institution, Washington 1981.
SCHMIDT, P. W. S.: Der Ursprung der Gottesidee. Bd. 5, Aschendorffsche Verlagsbuchhandlung, Münster i. W. 1934.
SPECK, FRANK G.: Naskapi. The Savage Hunters of the Labrador Peninsula. University of Oklahoma Press 1935; unveränderte Neuauflagen 1963, 1977.
STEWART, ROBERT: Labrador. Die Wildnisse der Welt. Time-Life International, Amsterdam 1977.
VINCENT, SILVIE: Récits de la terre montagnaise. Miméo. Manuscrit déposé au ministère des Affaires Culturelles, Québec 1978.
WALLACE, ANTHONY F. C.: Dreams and the Wishes of the Soul: A Type of psychoanalytic Theory among the Seventeenth Century Iroquois. American Anthropologist, Vol. 60, 1958.

Vorlesung, gehalten im Frühlingskurs des «Forschungs- und Ausbildungszentrums für Tiefenpsychologie nach C. G. Jung und Marie-Louise Franz» in St. Niklausen, Obwalden, April 2003.

PD Hansueli F. Etter, Dr. phil. II, Lindenbergstrasse 15, CH-8700 Küsnacht

Bildernachweis

Umschlag
Der Lebensbrunnen als ‹fons mercorialis›. CARL GUSTAV JUNG: Psychologie und Alchemie. Zweite, revidierte Auflage, Zürich 1952, Abb. 25, aus dem ‹Rosarium Philosophorum. Secunda Pars Alchimiae de Lapide Philosophico vero modo praeparando …› Francofurti 1550. – Vgl. CARL GUSTAV JUNG: Die Psychologie der Übertragung. GW 16, Olten und Freiburg i. Br. 1971, Kap. l: Der Mercurbrunnen (§§ 402–409).

Seite 36
Cherub. Zur Interpretation von PHILO VON ALEXANDRIEN vgl. HEINRICH und MARGARETHE SCHMIDT: Die vergessene Bildsprache christlicher Kunst. München, 1984, 163. – Bild aus CARL GUSTAV JUNG: Psychologie und Alchemie. GW 12, Bild 65.

Seite 93
Die Niederkunft der Myrrha. Majolikaschale, Urbino, 16. Jh. JACQUES GÉLIS: Die Geburt. Volksglaube, Rituale und Praktiken von 1500-1900. München 1989 (Titelbild). Aus: REGINE ABT, IRMGARD BOSCH, VIVIENNE MACKRELL: Traum und Schwangerschaft. Eine Untersuchung von Träumen schwangerer Frauen. Einsiedeln 1996, 134, Bild 12.

Seite 103 (Abb. 1)
Aus: Die Welt. Atlas International. Falkverlag, Ostfildern o. J.

Seiten 110, 121, 125, 133, 143, 147, 149 (Abb. 2, 4, 5, 7, 9–11)
Aus FRANK G. SPECK: Naskapi. The Savage Hunters of the Labrador Peninsula. University of Oklahama Press 1935.

Seiten 115, 129, 137 (Abb. 3, 6, 8)
Aus Robert Stewart: Labrador. Die Wildnisse der Welt. Time-Life International, Amsterdam 1977.

Publikationshinweise

JUNGIANA · Beiträge zur Psychologie von C. G. Jung

Reihe A Band 1:

Inhalt: BARBARA HANNAH: Die religiöse Funktion des Animus im Buche Tobit · EVA WERTENSCHLAG-BIRKHÄUSER: Das Gespräch zwischen Khalid und Morienus über den Stein. Ein Beitrag zur psychologischen Deutung alchemistischer Vorstellungen · HANS-UELI F. ETTER: Der Einsiedler Meinrad vom Finstern Wald: Sein Lebensweg und sein Gottesbild · GOTTHILF ISLER: Der Schlangenkuß. Zur Erlösung des Weiblichen in den Volkssagen des Alpengebietes · ALFRED RIBI: Fortleben nach dem Tode aus der Sicht der Jungschen Psychologie · FRANK GEERK: Die Alchemie – eine moderne Wissenschaft? Ein Gespräch mit MARIE-LOUISE VON FRANZ.

152 Seiten, 4 Farbtafeln.

Reihe A Band 2:

MARIE-LOUISE VON FRANZ zum 75. Geburtstag.

Inhalt: MARIE-LOUISE VON FRANZ im Film von Françoise Selhofer · ALISON KAPPES: Bibliographie von Marie-Louise von Franz · WILHELM JUST: Durch das Offene zum unus mundus – die Quest in der Mathematik · GILLES QUISPEL: Das Thomasevangelium und der Animus der Frau · ANNE MAGUIRE: Der Sturmvogel des Geistes in einer seelenlosen Welt · PEDRO PENTEADO KUJAWSKI: Die Nago-Religion in Brasilien. Eine afrikanische Religion im Spiegel der Seele.

164 Seiten, 2 Farbtafeln.

Reihe A Band 3:

Inhalt: Vorwort (Zum Golfkrieg) · Zum Andenken an Lorenz Jung · MARIE-LOUISE VON FRANZ: C. G. Jungs Rehabilitation der Gefühlsfunktion in unserer Zivilisation · ALFRED RIBI: Zentrizität in der Stadtarchitektur – Verlust der Mitte? · EVA WERTENSCHLAG-BIRKHÄUSER: Religiöse Träume im Lichte der Alchemie · GOTTHILF ISLER: Von der Notwendigkeit, mit dem Bösen umzugehen · BARBARA HANNAH: Das Problem der Beziehung zum Animus.

160 Seiten, 2 Farbtafeln.

Reihe A Band 4:

Inhalt: IRMGARD BOSCH: Il destino – Das Schicksal. Beitrag zum Verständnis eines Märchens aus Kalabrien · HERBERT VAN ERKELENS: Wolfgang Paulis Begegnung mit dem Geist der Materie · BARBARA HANNAH: Das Problem weiblicher Intrigen in: ‹Der schlechte Weinberg› · GOTTHILF ISLER: Zur Frage der Erkenntnis bei Johann Amos Comenius (1592–1670). Zu seinem 400. Geburtstag.

162 Seiten, 1 Farbtafel.

Reihe A Band 5:

Inhalt: Gründung des Forschungs- und Ausbildungszentrums für Tiefenpsychologie nach C. G. Jung und M.-L. von Franz · MARIE-LOUISE VON FRANZ: Bewußtsein, Macht und Opfer. Gespräche mit ‹Psychological Perspectives› · PEDRO PENTEADO KUJAWSKI: Eshu-Elegba, der Herr der Paradoxie. Eine afrikanische Erfahrung der transzendenten Funktion · GERDA BERTRAM: Hippokrates – ein archetypisches Bild ärztlicher Individuation? · HANSUELI F. ETTER: Mensch – du Affe! Zur symbolischen Bedeutung unserer nächsten tierischen Verwandten · HANNELORE ISLER-FELLER: Sturmheld Iwan Kuhsohn. Über die schöpferische Funktion des Animus bei der Entwicklung des Weiblichen in der Frau.

188 Seiten, 7 Farbtafeln.

Reihe A Band 6:

Inhalt: MARIE-LOUISE VON FRANZ: C. G. Jung und die Probleme der modernen Frau · BRIGITTE JACOBS: Von der ägyptischen Göttin Isis zur christlichen Maria. Eine Skizze · REGINE SCHWEIZER-VÜLLERS: Das Bild Gottes. Deutung der mittelalterlichen Legende von der Entstehung des Volto santo durch Nikodemus · BARBARA HANNAH: Ich und Schatten · GOTTHILF ISLER: Die Sagen vom Wilden Jäger und von der Wilden Jagd im Alpengebiet. Eine psychologische Annäherung.

156 Seiten, 2 Farbtafeln.

Reihe A Band 7:

Inhalt: GOTTHILF ISLER: Von Treue und Untreue zur Seele: Die Erzählung von Peter von Staufenberg und seiner Geliebten. Mit einem Ausblick auf die Eheproblematik unserer Zeit · ULRICH WÖSSNER: ‹Der arme Heinrich› Hartmanns von Aue: «ir sult die maget lazen leben». Zur Bedeutung einer hochmittelalterlichen Verserzählung · BARBARA HANNAH: ‹Die vertraulichen Aufzeichnungen und Bekenntnisse eines gerechtfertigten Sünders› von James Hogg.

164 Seiten, 2 Farbtafeln.

Reihe A Band 8:

MARIE-LOUISE VON FRANZ, 4. Januar 1915 bis 17. Februar 1998.

Inhalt: Zum Tod von Marie-Louise von Franz. Ansprachen an der Trauerfeier in Küsnacht am 26. Februar 1998 · BARBARA DAVIES: Zu Leben und Werk von Marie-Louise von Franz · HANNELORE ISLER-FELLER: Anpassung oder Widerstand. Gedanken zum *genius loci* der Innerschweiz · REGINE SCHWEIZER-VÜLLERS: Anima animalis – der heilige Hund. Ritus und Legende eines heidnischen Kultes im Mittelalter · CARMEN Q. REYNAL: Die Gänsehirtin am Brunnen · KATHRIN AEMISEGGER: Liebe, das Fenster zur Ewigkeit – Love, the Window to Eternity. Interpretationsversuch einiger Aspekte des Grimmschen Märchens ‹Die Gänsehirtin am Brunnen› · BRIGITTE BENDEL: Die Bedeutung des Opfers im ‹Armen Heinrich› Hartmanns von Aue.

172 Seiten, 3 Farbtafeln.

Reihe A Band 9:

Inhalt: MARIE-LOUISE VON FRANZ: Die Visionen des Niklaus von Flüe. Text zum Film von GUIDO FERRARI, 1987 · ANNE MAGUIRE: Benedicta viriditas, die gesegnete Grüne. Der Geist der Wahrheit · IRENE GERBER-MÜNCH: Yonec. Eine Märchendichtung der MARIE DE FRANCE, um 1160 · GOTTHILF ISLER: Der neue Papst und die Tiere. Vom Geist der Natur in Märchen und Sagen · THOMAS ARZT: Analytische Psychologie und Naturphilosophie.

188 Seiten, 5 Farbtafeln.

Reihe A Band 10:

RENATE JACOBI: Wer mit dem Drachen zecht. Zur Gotteserfahrung des islamischen Mystikers al-Ḥallāǧ · MARIE-LOUISE VON FRANZ: Aktive Imagination · GOTTHILF ISLER: O Deine schönen Haare! Volkssagen von der Liebe zur Wilden Frau und die Problematik in der heutigen Ehe · BARBARA HANNAH: Regression oder Erneuerung im Alter · NORA MINDELL: Krebskranke Kinder – Trauma und Wandlungsergebnisse bei der Entwicklung des Bewußtseins.

170 Seiten, 4 Farbtafeln.

Reihe A Band 11

SUZANNE WAGNER: Ein Gespräch mit MARIE-LOUISE VON FRANZ · WALTRAUT KÖRNER: Eros und Jungsche Psychologie · RUDOLF HÖGGER: Symbolisches Leben in Indien · BARBARA HANNAH: Über das Jenseits · GOTTHILF ISLER: Der große Übergang. Synchronistische Vorzeichen und Träume zum Tod in Sagensammlungen.

168 Seiten, 4 Farbtafeln.

Alle Bände der Reihe A kosten je Fr. 28.–.

Reihe B Band 1:

HANSUELI F. ETTER: Der Schöpfungsteppich von Girona. Ein hochmittelalterliches Gottesbild aus dem christlichen Spanien: Seine Bedeutung in unserer Zeit.

Aus dem Inhalt: Beschreibung des Teppichs · Seine Geschichte · Seine Verwendung · Die Bedeutung als Teppich · Der Teppich als Mandala · Als Bild des Kosmos · Als Bild des vollständigen Menschen · Der Uranfang – ein doppelgeschlechtliches Gottesbild · Die einzelnen Schöpfungsakte – Psyche, Raum, Materie, Zeit, Leben als Quinta Essentia · Physik und Tiefenpsychologie – moderne Wege zum Einen-Seienden · Die Bedeutung der Simson-Bilder · Die Bedeutung der Kreuzholzlegende · Die heilige Helena · Der jüdische und der islamische Einfluß im Teppich · Die Ergänzung der fehlenden Teppichteile.

Gebunden, 124 Seiten, 7 Farbtafeln, 36 Schwarzweißbilder, 1 Falttafel 39x39 cm. Fr. 38.–

Reihe B, Band 2
HANSUELI F. ETTER: Der Kreuzgang der Kathedrale von Girona. Tiefenpsychologische Überlegungen zur alchemistischen Kunst der freien Maurer.
Gebunden 22,7 x 22,7, 219 Seiten, 10 Farbtafeln, zahlreiche Abbildungen. Fr. 48.–

Reihe B Band 3:
ALFRED RIBI: Die Dämonen des Hieronymus Bosch. Versuch einer Deutung.
Inhalt: Die Dämonen der Interpreten · Der Mensch als Wanderer zwischen den Welten · Der Heilige · Der hohle Baum und die zerfallenen Gemäuer · Die Frucht · Die Prima materia · Das Christusbild · Der Engelsturz · Die Höllentafeln · Die Frau und die Coniunctio · Die Zerrissenheit · Epilog.
Gebunden, 192 Seiten, 15 Farbtafeln. Fr. 42.–

Reihe B Band 4:
LORENZ JUNG: Der Archetypus des Knaben in der heutigen Zeit. Die positiv leitende Funktion des Puer-Archetypus, aufgezeigt anhand des Romans von Neil M. Gunn ‹Das Grüne Eiland der Großen Tiefe›. Bearbeitung und Gestaltung: Vreni und Andreas Jung-Gerber.
Aus dem Inhalt: Der Knabe als innere Figur · Das Grüne Eiland der Großen Tiefe – eine moderne Phantasie über die Wirklichkeit der Seele · Zum Sinngehalt des Romans · Der Mythos des Knaben.
Gebunden, 21,4 x 26,5 cm, 204 Seiten, 4 Farbtafeln, 76 Abbildungen. Fr. 46.–

Reihe B Band 5:
GOTTHILF ISLER: Lumen Naturae. Zum religiösen Sinn von Alpensagen. Vorträge und Aufsätze.
Inhalt: Tiefenpsychologie und Sagenforschung · Zur psychologischen Deutung von Volkserzählungen · Die Sage von der Sennenpuppe · Synchronizitäten in Erlebnissagen (Wettergeist) · Der Schlangenkuß · Lumen naturae · Die Krönleinschlange · Die Schatzjungfrau – ‹nur› eine arme Seele? · Das rätoromanische Margaretenlied – eine seelische Tragödie · Die Überwindung der Hexe · Bezogenheit auf das ‹Ewige› · Kohle oder Gold? · Der losgebundene Fuchs · Der Schatz in den Sagen des Alpengebietes.
Leinen 16 x 23 cm, 410 Seiten, mit 6 Farbtafeln von PETER BIRKHÄUSER, Fr. 45.–

Reihe B Band 6:
IRENE GERBER-MÜNCH: Goethes Faust. Eine tiefenpsychologische Studie über den Mythos des modernen Menschen.
Mit dem Vortrag von C. G. JUNG: Faust und die Alchemie.
Leinen 16 x 23 cm, 440 Seiten, Fr. 45.–

Reihe B Band 7:
EVA WERTENSCHLAG-BIRKHÄUSER: Fenster zur Ewigkeit. Die Malerei von Peter Birkhäuser. Eine tiefenpsychologische Deutung.
Gebunden 24x24cm, 192 Seiten, 53 Farbtafeln, Fr. 62.–

Reihe B Band 8:
ALFRED RIBI: Der normal kranke Mensch. Neurose und Lebenssinn. Die Neurosen aus der Sicht C.G. Jungs.
Broschiert 15,2x22,7cm, 168 Seiten, Fr. 22.–

Reihe B, Band 9
XAVER WASSMANN: Der Tod des großen Pan. Zum Untergang des Naturgottes in der Antike.
Gebunden, Grossformat 20x25,8 cm, 528 Seiten. Fr. 58.–

Reihe B, Band 10
SIBYLLE BIRKHÄUSER-OERI: Die Mutter im Märchen.
Deutung der Problematik des Mütterlichen und des Mutterkomplexes am Beispiel bekannter Märchen. Hrsg. von Marie-Louise von Franz. Vollständig überarbeitete Neuausgabe von Eva Wertenschlag-Birkhäuser.
Gebunden 15,2x21,5 cm, 356 Seiten. Fr. 38.–

Video

MARIE-LOUISE VON FRANZ, Bollingen, September 1982
Im Film von FRANÇOISE SELHOFER gibt Marie-Louise von Franz Einblick in ihr eigenes Leben, ihre Begegnung und Zusammenarbeit mit C. G. Jung, ihr Verständnis seiner Psychologie, die Entstehung ihres Werkes und die Art ihres Schaffens. Sie beantwortet im weiteren Fragen zur Traumdeutung, zur Kreativität, zur Synchronizität, zur Alchemie und zu den uns bedrückenden Zeitproblemen. Der Wortlaut des Interviews ist publiziert in JUNGIANA, Reihe A, Band 2.
Laufzeit 41 Minuten. – Fr. 50.–
Der Film ist jetzt zum gleichen Preis auch in einer englischen, einer französischen und einer spanischen Überspielung erhältlich.

MARIE-LOUISE VON FRANZ: Die Visionen des Niklaus von Flüe.
Film der Televisione della Svizzera italiana unter Leitung von GUIDO FERRARI, 1987. Der Text zum Film ist in JUNGIANA, Reihe A, Band 9, publiziert.
Laufzeit ca. 120 Minuten. Fr. 50.–

In Vorbereitung:

WILHELM JUST: Bilder der Schöpfung in Physik und Mathematik.
BARBARA HANNAH: C. G. Jung. Sein Leben und Werk.

Neu im Verlag Stiftung für Jung'sche Psychologie:

Werke von MARIE-LOUISE VON FRANZ:

- Puer aeternus. Ewiger Jüngling und kreativer Genius. Revidierte Neuauflage.
  Leinen 16,2 x 23,2 cm, 302 Seiten. Fr. 36.–

- Traum und Tod. Was uns die Träume Sterbender sagen (Restauflage Walter Verlag 1999).
  Gebunden 16,2 x 23,2 cm, 208 Seiten. Fr. 30.–

- Alchemie (in Vorbereitung).
- Psychologische Märcheninterpretation. Eine Einführung (in Vorbereitung).
- Über Divination und Synchronizität (in Vorbereitung).
- Spiegelungen der Seele (in Vorbereitung).
- Archetypische Muster in Märchen (Arbeitstitel; in Vorbereitung).
- Die Katze (Interpretation eines Märchens; in Vorbereitung).
- Der Schatten und das Böse im Märchen (in Vorbereitung).

Beide Reihen sind durch den Buchhandel zu beziehen oder direkt bei:

Fotorotar AG, Verlagsabteilung JUNGIANA, CH-8132 Egg ZH
E-Mail: verlag@fotorotar.ch, Fax: +41 1 986 35 36
Internet: www.jungiana.ch

Weitere Neuerscheinungen:

CARL GUSTAV JUNG: Gesammelte Werke 1–20. Broschierte Sonderausgabe in 24 Bänden. Walter Verlag, Solothurn und Düsseldorf 1995 (Sonderpreis Fr. 534.–). Jetzt auch in Einzelbänden erhältlich.

REGINE ABT, IRMGARD BOSCH, VIVIENNE MACKRELL: Traum und Schwangerschaft. Eine Untersuchung von Träumen schwangerer Frauen. Daimon Verlag, Einsiedeln 1996.

CARL GUSTAV JUNG: Die Zofingia-Vorträge. Mit einer Einführung von MARIE-LOUISE VON FRANZ. Walter Verlag, Zürich und Düsseldorf 1997.

CARL GUSTAV JUNG: Visions. Notes of the Seminar Given in 1930–1934. Ed. by CLAIRE DOUGLAS in two Volumes. Bollingen Series XCIX. Princeton University Press. Princeton, New Jersey 1997.

MARIE-LOUISE VON FRANZ: Archetypal Patterns in Fairy Tales. Inner City Books, Toronto/Canada 1997.

The Rock Rabbit and the Rainbow. Laurens van der Post among Friends. Ed. by ROBERT HINSHAW, Daimon Verlag, Einsiedeln 1998.

CARL GUSTAV JUNG: Die Psychologie des Kundalini Yoga. Nach Aufzeichnungen des Seminars 1932. Hrsg. von SONU SHAMDASANI. Walter Verlag, Zürich und Düsseldorf 1998.

MARIE-LOUISE VON FRANZ: The Cat. A Tale of Feminine Redemption. Inner City Books, Toronto/Canada 1999.

ALFRED RIBI: Die Suche nach den eigenen Wurzeln. Die Bedeutung von Gnosis, Hermetik und Alchemie für C. G. Jung und Marie-Louise von Franz und deren Einfluß auf das moderne Verständnis dieser Disziplin. Peter Lang, Bern, Frankfurt am Main u. a. 1999.

MARIE-LOUISE VON FRANZ: Muhammad ibn Umail's HALL AR-RUMUZ ('Clearing of Enigmas'). Historical Introduction and Psychological Comment. Verlag Fotorotar AG, CH-8132 Egg/Switzerland, 1999 (nicht im Buchhandel).

REGINE SCHWEIZER-VÜLLERS: Die Heilige am Kreuz. Studien zum weiblichen Gottesbild im Mittelalter und in der Barockzeit (Deutsche Literatur von den Anfängen bis 1700. Hrsg. von ALOIS MARIA HAAS, Band 26). Peter Lang, Bern ²2000.

GOTTLIEB GUT: Der neue Kindgott. Symbol der totalen Menschwerdung und Krönung des christlichen Gottesbildes. Peter Lang, Bern, Frankfurt am Main u. a. 2000.

ANDREAS SCHWEIZER: Der erschreckende Gott. Tiefenpsychologische Wege zu einem ganzheitlichen Gottesbild. Kösel, München 2000.

MARIE-LOUISE VON FRANZ: Aurora Consurgens. A Document Attributed to Thomas Aquinas on the Problem of Opposites in Alchemy. A Companion Work to C. G. Jung's Mysterium Coniunctionis. Transl. by R. F. C. Hull and A. S. B. Glover. Inner City Books, Toronto/Canada ²2000.

ALFRED RIBI: Zeitenwende. Die geistigen Wurzeln unserer Zeit in Hellenismus, Hermetik, Gnosis und Alchemie. Peter Lang, Bern 2001.

ANGELA SEIFERT/THEODOR SEIFERT: So ein Zufall! Synchronizität und der Sinn von Zufällen. Herder, Freiburg im Breisgau 2001.

ROSE-EMILY ROTHENBERG: The Jewel in the Wound. How the body expresses the needs of the psyche and offers a path to transformation. Chiron publications, Wilmette, Illinois 2001.

HERBERT VAN ERKELENS: Wolfgang Pauli und der Geist der Materie. Hrsg. von THOMAS ARZT, in Zusammenarbeit mit Eva Wertenschlag-Birkhäuser, Charles Enz und Bernward Thiel. Verlag Königshausen & Neumann, Würzburg 2002.

ALFRED RIBI: Anthropos – Der ewgige Mensch. Der ewige göttliche und kosmische Mensch in Geschichte, Politik und Tiefenpsychologie. Peter Lang, Bern, Frankfurt am Main u. a. 2002.

THEODOR ABT and ERIK HORNUNG: Knowledge for the Afterlife. The Egyptian Amduat – a Quest for Immortality. Studies from the Research and Training Centre for Depth Psychology according to C. G. Jung and Marie-Louise von Franz. Living Human Heritage Publications, Zurich 2003.

MUHAMMAD IBN UMAIL: Book of the Explanation of the Symbols – Kitāb Hall ar- Rumūz. Corpus Alchemicum Arabicum, Volume I, ed. by THEODOR ABT and WILFERD MADELUNG. Studies from the Research and Training Centre for Depth Psychology according to C. G. Jung and Marie-Louise von Franz. Living Human Heritage Publications, Zurich 2003.

ERIK HORNUNG / ANDREAS SCHWEIZER (Hrsg): ERANOS 2001–2002. Der Mensch und sein Widersacher. Fotorotar AG, CH-8132 Egg, Switzerland, 2003.

mineralis
Vegetabil